TEFILÍN

Un Discurso Jasídico
por el
Rabí Natán de Breslov

Likutey Halajot, Oraj Jaim, Hiljot Tefilín **5**

Versión Libre
de
Abraham Greenbaum

Traducido al Español por
Guillermo Beilinson

Publicado por
BRESLOV RESEARCH INSTITUTE
Jerusalem / New York

Ninguna parte de esta publicación podrá ser traducida, reproducida, archivada en ningún sistema o transmitida de ninguna forma, de ninguna manera, electrónica, mecánica, fotocopiada o grabada o de cualquier otra manera, sin el consentimiento previo, por escrito, del editor.

Copyright © Breslov Research Institute ISBN 978-1-928822-19-6

Primera edición 2008
Título del original en Inglés:
Tefilin, A Chassidic Discourse

Para más información:
Breslov Research Institute
POB 5370
Jerusalem, Israel.

Breslov Research Institute
POB 587
Monsey, NY 10952-0587
Estados Unidos de Norteamérica.

Breslov Research Institute
c\o G.Beilinson
calle 493 bis # 2548
Gonnet (1897) Argentina.

e-mail: abeilar@Yahoo.com.ar
INTERNET: http//www.breslov.org
Diseño de cubierta: Ben Gasner

Impreso en Argentina

Col Israel Iesh Lahem Jelek Leolam Haba
Lilui Nishmat:

Eduardo Isack Caro
(Mi Queridísimo Abuelo)

Maria Caro y Sara Caro
(Mis Entrañables Tías)

Familias Caro y Lambert.

Índice

Introducción 7

Leyes de los Tefilín 15

El Mendigo Ciego 21

El Rabí Natán sobre Los Tefilín:

I   La Santa Alegría 29

II   El *Mabarta* y las *Retzuot* 57

III   David, Rey de Israel, ¡Vive! 69

IV   Los Tefilín de la Cabeza y del Brazo 79

V   Los Tefilín de Rashi y de Rabeinu Tam ... 91

VI   Pergamino y Cuero 111

VII   La Fe Más Grande 133

VIII Un Puente Angosto 141

Una Plegaria 151

INTRODUCCIÓN

Es difícil sentirse entusiasmado al hacer algo si uno no comprende el valor de lo que está haciendo. La observancia de la práctica religiosa en todas las esferas de la vida es la esencia misma del judaísmo. Pero sin una comprensión del significado interior y de la intención, la *kavaná* de la práctica judía, ésta se transforma fácilmente en un cuerpo sin alma. ¿Cuál es la conexión entre los detalles de la observancia práctica y la búsqueda de la espiritualidad?

Ésta es precisamente la conexión que el Rabí Natán (1780-1844), el discípulo más cercano del maestro jasídico, Rebe Najmán de Breslov, buscó realizar en los ocho volúmenes de su *Likutey Halajot* ("Colección de Leyes"). Esta obra es un trabajo que abarca todo el *corpus* de la ley judía tal como se aplica hoy en día, y de acuerdo a como está codificada en el *Shuljan Aruj*, siguiendo su orden, tema por tema. Sobre cada punto el Rabí Natán escribió varios *maamarim*, discursos o ensayos, de diversa extensión. En ellos ilumina el significado espiritual y místico de las diferentes áreas de la práctica judía a la luz de las ideas de las enseñanzas jasídicas, y en especial de las enseñanzas del Rebe Najmán en su *Likutey Moharán* y en otras obras.

En estos momentos de despertar espiritual de los judíos en el mundo entero, el *Likutey Halajot* puede ser considerado como uno de nuestros textos más importantes y relevantes. El Rebe Najmán cierta vez encomió al Rabí Natán diciendo que tenía el don de ser capaz de "explicar los profundos secretos del misticismo a los niños judíos". Los discursos del *Likutey Halajot* fueron escritos en un estilo claro y fácilmente comprensible. Abrevando en el

TaNaJ, el *Talmud*, el *Midrash*, el *Zohar*, etc., nos abre fascinantes perspectivas hacia el significado de todos los aspectos del judaísmo y de la vida.

El presente trabajo es una versión libre de la mayor parte de un *maamar* del *Likutey Halajot*, sobre el tema de los Tefilín. Este *maamar* aparece en el *Likutey Halajot, Oraj Jaim, Hiljot Tefilín* 5. El Rabí Natán toma como punto de partida el cuento del Rebe Najmán sobre el Mendigo Ciego (que hemos incluido en el presente volumen). Esta historia es una de las seis sub-historias que componen el Cuento de los Siete Mendigos, que es la última, la más larga y quizás la más misteriosa de todas las historias del Rebe Najmán.

Superficialmente el cuento del Mendigo Ciego parece no hacer referencia alguna a los Tefilín. Pero en un "tour-de-force" maestro el Rabí Natán demuestra que la historia contiene poderosas y vívidas alusiones a las *kavanot* más profundas de la mitzvá de los Tefilín. "Vívidas" es la palabra, porque la vitalidad y la renovación son las ideas claves en la exploración que hace el Rabí Natán sobre las diferentes facetas de los Tefilín. Haciendo referencia a las otras enseñanzas relevantes del Rebe Najmán, y a las fuentes más importantes de la Biblia, el Talmud, la Halajá y la Kabalá, el Rabí Natán nos lleva virtualmente a través de todos los aspectos de la mitzvá de los Tefilín: los Tefilín de la Cabeza y del Brazo; las porciones de la Torá (*parashiot*), las cápsulas (*batim*), las correas (*retzuot*), los nudos (*kesharim*), los materiales (pergamino y cuero), los Tefilín de Rashi y de Rabeinu Tam, etc.

Las enseñanzas del Rabí Natán son *Jidushei Torá*, ideas originales de Torá, en el verdadero sentido del término. Sin agregar ninguna interpretación personal o subjetiva que no esté fundamentada en las fuentes clásicas, el Rabí Natán descubre un tesoro de nuevas perspectivas; clarifica las conexiones entre muchos conceptos diferentes de la Torá y nos permite entender los significados más profundos en términos comprensibles y relevantes, con tanta facilidad que difícilmente somos conscientes de lo que él está haciendo con nosotros. Pero su propósito está lejos de llevarnos simplemente en un excitante viaje intelectual. Pues "lo más importante no es el estudio sino la práctica" (*Avot* 1:17). Si el Rabí Natán nos permite paladear estas delicias espirituales, no es sino para alentarnos en nuestro camino, para inspirarnos a la acción y a la realización, y para ofrecer una guía práctica sobre cómo buscar a Dios.

En esto, el Rabí Natán es un verdadero discípulo de su maestro, el Rebe Najmán. En sus discursos, conversaciones y cuentos, el Rebe Najmán provee las ideas seminales. Sin embargo, su luz está tan concentrada que en general se presentan enigmáticas y oscuras. El Rebe Najmán dijo que todas sus enseñanzas son "introducciones" y que pueden ser aplicadas a la totalidad de la Torá escrita y oral (*Sabiduría y Enseñanzas del Rabí Najmán de Breslov* #200-201). La obra del Rabí Natán, quien conocía al Rebe mejor que cualquier otra persona y quien se encontraba en la mejor posición para comprender sus intenciones, presentaría los corolarios, tal como vemos que lo hace aquí al tomar el Cuento del Mendigo Ciego y otras enseñanzas para arrojar luz sobre el significado de los Tefilín.

El Rebe Najmán dijo cierta vez que el Rabí Natán "podía echar un vistazo a esta sinagoga y decirte cuánto mide de alto" (*Tzadik* #338). Esta afirmación describe vívidamente la cualidad distintiva de la mente del Rabí Natán: tenía la capacidad de aferrar la totalidad y sus partes constituyentes, todo al mismo tiempo.

Esto se hace evidente en la manera como están estructurados los *maamarim* del Rabí Natán. En una lectura superficial, su fluir de un tema a otro y luego a otro más, puede hacerlos parecer difusos, al tiempo que la repetición de las referencias a ciertas ideas y conexiones básicas pueden parecer demasiado elaboradas. Un estudio más profundo revela el magnífico edificio que el Rabí Natán está construyendo pacientemente, con cada habitación, cada sección, hermosamente proporcionada y decorada, mientras que el todo está fijado con una estructura firme y armoniosa sujeta con vigas y colunmas, las ideas básicas. Si las ideas se repiten a veces, su propósito es mantenernos conscientes del todo a medida que se nos muestran las diferentes partes. El Rabí Natán conecta frecuentemente una variedad de sub-estructuras con la estructura principal, desviándose del tema inicial para mostrar cómo las ideas que está presentando iluminan áreas relacionadas de la Torá.

No se han incluido en la presente edición algunas secciones de este *maamar* sobre los Tefilín, dado que de otra manera hubieran superado el tamaño de este volumen. Los números de las secciones de esta edición corresponden a aquéllos del original hebreo, de modo que una laguna en la secuencia de los números de las secciones indica que se ha omitido una sección. Además, hemos considerado que en ciertos lugares la repetición de las ideas básicas (algo que es mucho más conciso en hebreo que en su versión al español) podía haberse vuelto un poco agobiante para el lector contemporáneo, de modo que varios de estos pasajes han sido abreviados.

El objetivo ha sido presentar una versión al español que sea fiel a la intención y al espíritu del original, al tiempo de ser tan legible como lo es el original hebreo del Rabí Natán. Esto implicó alejarse frecuentemente de una traducción literal, motivo por el cual esta obra está descrita como una "versión libre". En muchos lugares se le ha agregado a la trama del texto información explicativa para evitar tener que distraer al lector con notas al pie. Donde hubo necesidad de agregar algunos conceptos explicativos más largos, ellos han sido impresos en letra cursiva o entre corchetes, para indicar que son un agregado del traductor.

Agradezco a Dios el haberme dado el privilegio de traducir este *maamar*: me ha llegado de tantas maneras y le ha agregado dimensiones totalmente nuevas a mi comprensión y cumplimiento de la mitzvá de los Tefilín. La deuda que tengo con el Rabí Jaim Kramer, director del Breslov Research Institute, es inmensurable. Tanto en éste, como en cada proyecto, él ha agregado aliento y valiosa ayuda práctica en cada etapa del camino. También me gustaría expresar mi sincero agradecimiento a Aryeh Leib (Larry) Spiro, cuyo apoyo me permitió comenzar seriamente a trabajar en este libro.

Y finalmente, debo expresar mi más profundo aprecio y gratitud a Jaim Rohatiner cuya notable contribución hizo posible continuar con la obra y llevar este proyecto a su culminación. Tu probada amistad, ofrecida con infaltable bondad y buen humor, me ha tocado muy profundamente, al tiempo que tu persistencia y devoción a la Jasidut de Breslov ha sido una real inspiración.

Al día de hoy algunos extractos del *Likutey Halajot* han aparecido en español: pero todavía no se ha comenzado siquiera a gustar de las aguas vivas de la Torá del Rabí Natán. El *maamar* sobre los Tefilín presentado aquí es en sí mismo fascinante y poderosamente inspirador. Es mi esperanza y oración que su publicación despierte a los judíos de habla española a una mayor conciencia de la importancia del *Likutey Halajot*, y abra el camino a muchas otras traducciones, hasta que "el mundo esté lleno del conocimiento de Dios tal como las aguas cubren el mar" (Isaías 11:9).

Abraham Greenbaum
Jerusalén, 25 de Kislev 5749
4 de diciembre de 1988

TEFILIN

1. Los Tefilín del Brazo

a) Los Tefilín del Brazo ubicados sobre el bíceps, mostrando las siete vueltas de la *retzua*, la correa, sobre el antebrazo, sobre el tercer dedo y sobre la mano para formar el nombre Divino *Shadai*.

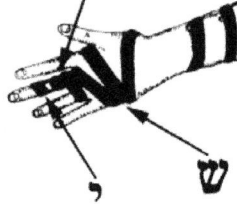

b) La *bait* de los Tefilín del Brazo, hecha con un solo compartimiento, mostrando la *retzua*, que corre a través del *mabarta*, y el lazo de la *retzua* por medio del cual los Tefilín se ajustan al brazo. Junto a la *bait* está el *kesher*, el nudo, atado en la forma de la letra *Iud*. Las costuras hechas con tendones animales que cierran la *bait* luego de la inserción de las *parashiot* pueden ser vistas corriendo a lo largo de la parte superior de la base.

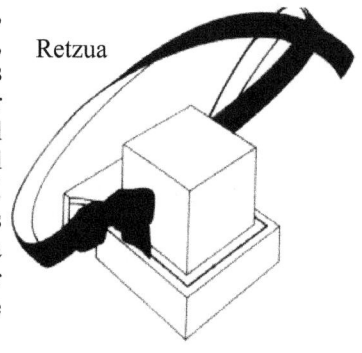

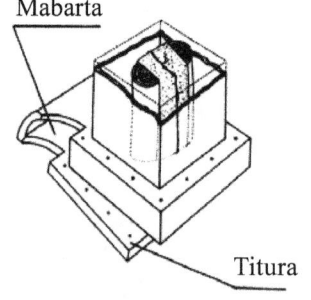

c) La *bait* de los Tefilín del Brazo mostrando la *titura* que cuelga abierta antes de insertar las *parashiot*. Las *parashiot* pueden ser vistas en su lugar dentro de la *bait*. Las cuatro *parashiot* de los Tefilín del Brazo están escritas en un solo trozo de pergamino. Este es enrollado y atado con un hilo de tendón animal, envuelto con una fina hoja de pergamino y atado por afuera con hilo de tendón animal.

LAS LEYES DE LOS TEFILÍN

"Átalas como señal en tu mano y que estén como símbolo entre tus ojos"
(Deuteronomio 6:8)

Este versículo indica el mandamiento de utilizar Tefilín. Los Tefilín son cápsulas de forma cúbica (en hebreo *batim*, literalmente "casas") hechas de cuero proveniente de un animal ritualmente puro, tal como vacas, ovejas o ciervos. Estas cápsulas contienen cuatro pasajes bíblicos (las *parashiot*) escritos a mano sobre pergamino. Los pasajes son: A. "Santifica" (Éxodo 13:1-10); B. "Cuando Dios los conduzca" (Éxodo 13:11-16); C. "Shemá" (Deuteronomio 6:4-9); y D. "Si obedecen" (Deuteronomio 11:13-21). (Estos pasajes se encuentran impresos en su totalidad más abajo). Las cápsulas están pintadas de negro. La parte de abajo de cada cápsula está cerrada con una lengüeta de cuero (la *titura*) y se cierran mediante una costura hecha con hebras de tendón de animal.

Los Tefilín se colocan sobre la cabeza y sobre el brazo. La diferencia principal entre los Tefilín de la cabeza y los del brazo es que en los Tefilín de la cabeza los cuatro pasajes bíblicos están escritos en hojas de pergamino separadas, cada una de las cuales está ubicada en su propio compartimiento, siendo estos cuatro compartimentos los que conforman el cubo. Por otro lado, en los Tefilín del brazo, los cuatro pasajes están escritos en una sola hoja de pergamino insertada en un solo compartimiento.

La mitzvá es ajustar los Tefilín sobre el bíceps del brazo izquierdo (una persona zurda los ata sobre su brazo

a) Los Tefilín de la Cabeza fijados en su lugar mediante la *retzua*. La *bait* se encuentra en su posición correcta sobre la cabeza, con el *kesher*, el nudo, en su posición adecuada detrás de la cabeza donde el cuello se une con la base del cráneo. Las dos puntas de la *retzua* cuelgan por delante, llegando al menos al ombligo del lado derecho y al pecho del lado izquierdo.

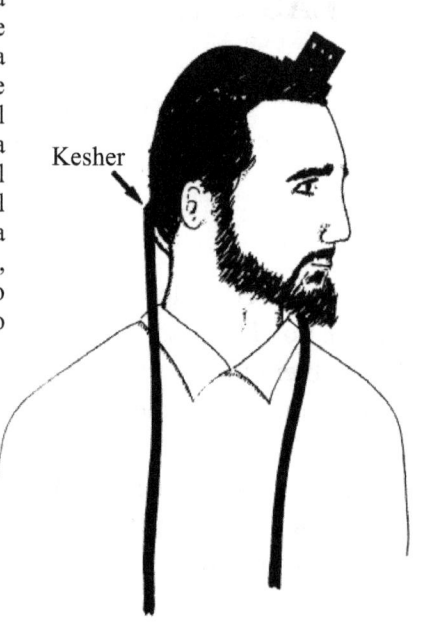

a) La *bait* de los Tefilín de la Cabeza, mostrando en relieve la letra *Shin* con tres cabezas. (La letra *Shin* con cuatro cabezas, del otro lado de la *bait*, está aquí oculta a la vista). Las costuras con las cuales se cierra la *bait* luego de la inserción de las *parashiot* puede ser vista corriendo alrededor de la parte superior de la base, con la punta del hilo emergiendo, tal cual es costumbre. La *retzua* pasa a través del *mabarta*, con el *kesher* atado en la forma de la letra *Dalet* (aquí se ve invertido, pero puesto en su lugar sobre el cuello, debería estar hacia arriba de la manera correcta).

derecho) y sobre la cabeza, entre la línea del nacimiento del pelo y el lugar donde el cráneo de un infante es blando, en línea directa por sobre el punto medio entre los ojos. Los Tefilín están unidos al brazo y a la cabeza mediante correas de cuero negro de aproximadamente 1 cm o más de ancho, las *reztuot* (singular *retzua*). Estas correas atraviesan un pasaje formado en la parte de atrás de cada una de las *batim* donde la lengüeta (la *titura*) se pliega para tapar la parte de abajo del compartimiento. El pasaje es llamado el *mabarta*, literalmente "el cruce". Las *retzuot* de los Tefilín de la Cabeza y del Brazo tienen cada una un nudo distintivo en la forma de las letras hebreas *Dalet* y *Iud* respectivamente.

Orden de la Colocación de los Tefilín

Todo hombre judío usa los Tefilín luego de los trece años de edad, durante el servicio de la plegaria matutina de la semana, pero no durante el Shabat o en las Festividades más importantes. Está prohibido denigrar a los Tefilín utilizándolos en lugares sucios (baños, etc.) o antes de atender las necesidades corporales.

Después de ponerse el *Talet* (manto de plegaria), se colocan los Tefilín del Brazo sobre el bíceps, luego de lo cual se recita la bendición. La correa es entonces ajustada de inmediato para retener firmemente el compartimiento sobre el brazo. La correa se enrosca siete veces alrededor del antebrazo, luego de lo cual se ajusta temporalmente alrededor de la mano.

Ahora se colocan en su lugar los Tefilín de la Cabeza, recitando de manera silenciosa la bendición apropiada, luego de lo cual la correa es ajustada firmemente alrededor del cráneo con el nudo en la parte de atrás de la cabeza donde el cuello se encuentra con la base del cráneo, y se recitan algunos versículos.

El extremo de la correa del brazo, que ha sido ajustado temporalmente en la mano, se enrosca ahora tres veces alrededor del tercer dedo y luego alrededor de la palma de la mano, de manera tal que forme las letras hebreas del Nombre Divino, "*Shadai*" (está prohibido pronunciar este Nombre tal cual se escribe, a no ser durante la plegaria, y en su lugar se dice "*Shakai*").

Las *Parashiot*

A. Éxodo 13:1-10:

Dios le habló a Moshé y dijo: "Conságrame todo primogénito. Todo hijo mayor de los hijos de Israel que abre la matriz Me pertenece, igual que toda primera cría de sus animales". Moshé le dijo al pueblo: "Acuérdense de este día en que salieron de la esclavitud en Egipto. Pues con Mano poderosa Dios los sacó de aquí. Por consiguiente no se comerá *jametz*. Hoy mismo salen, en el mes de la primavera. Cuando Dios te conduzca a la tierra del cananeo, del jitita, del emorita, del jivita y del jevusita, respecto de la que juró a tus padres que te entregaría, tierra de la que fluye leche y miel, deberás celebrar todo este culto en este mismo mes. Siete días comerás *matzot* y al séptimo día será Festividad en honor de Dios. Se debe comer *matzot* durante siete días; no se debe ver *jametz* ni se debe ver levadura en ninguna de tus propiedades. En ese día deberás decir a tu hijo: 'A causa de esto

Dios obró en mi favor cuando salí de Egipto'. Estarán como señal en tu brazo y como recordatorio entre tus ojos, para que la Torá de Dios esté en tu boca, pues con mano fuerte Dios te sacó de Egipto. Deberás cumplir este decreto en su momento específico año tras año".

B. Éxodo 13:11-16:
Cuando Dios los conduzca a la tierra de los cananeos, como te ha jurado a ti y a tus antepasados, y te la entregue, deberás apartar para Dios todo hijo varón primogénito, el que abre matriz. Asimismo, todos los primeros machos que les naciesen a sus animales serán para Dios. En el caso de un asno, por la primera cría deberás entregar un cordero a cambio. Y si no entregases el cordero a cambio deberás decapitarlo. También deberán redimir al primogénito de tus hijos. Y cuando el día de mañana tu hijo te pregunte diciendo: '¿Qué es esto?', entonces le responderás: 'Con mano fuerte no sacó Dios de la esclavitud en Egipto. Y resulta que cuando Paró se puso terco y no nos permitió salir, Dios mató a todo primogénito en la tierra de Egipto, desde el primogénito de los hombres hasta el primogénito de los animales. Y por eso mismo le ofrendamos a Dios todos los machos primogénitos. En cambio, al primogénito de mis hijos lo redimo'. Y estarán como señal sobre tu brazo y como insignia entre tus ojos, porque con Mano poderosa Dios nos sacó de Egipto' ".

C. Deuteronomio 6:4-9:
Escucha Israel, el Señor nuestro Dios, el Señor es

Uno. Ama al Señor, tu Dios, con todo tu corazón, con toda tu alma y con todos tus recursos. Y estas palabras que te ordeno hoy deben estar sobre tu corazón; enséñalas a tus hijos y habla de ellas mientras estás en tu casa, mientras estás de viaje, al acostarte y al levantarte; y átalas como señal en tu mano, y que estén como símbolo entre tus ojos; y escríbelas sobre los marcos de tu casa y en tus portales.

D. Deuteronomio 11:13-21:
Si obedecen Mis mandamientos que les ordeno hoy, de amar al Señor, su Dios, y servirlo con todo su corazón y con toda su alma, Yo daré la lluvia a la tierra de ustedes en su tiempo, las lluvias de otoño y de primavera. Recogerás tu cereal, tu vino y tu aceite. También, proveeré forraje en tu campo para tus animales. Comerás y te saciarás. Cuídense, no sea que su corazón se tiente y se descarríen, y adoren a dioses de otros y se prosternen a ellos. Porque Dios se indignará contra ustedes y cerrará los cielos. Entonces no habrá lluvia ni la tierra dará su producto. Y ustedes serán eliminados rápidamente de la buena tierra que Dios les entrega. Graben estas palabras Mías sobre su corazón y sobre su alma. Átenlas como señal en su brazo, y que estén como recordatorios entre sus ojos. Enséñales a tus hijos a hablar de ellas cuando estés en tu casa, cuando estés de viaje, al acostarte y al levantarte. Y escríbelas sobre el marco de tu casa, y en tus portales. Para que se prolonguen los días de ustedes y los días de sus hijos sobre la tierra que Dios juró a sus padres entregarles a ellos por el tiempo que el cielo exista sobre la tierra.

EL MENDIGO CIEGO

El Cuento del Mendigo Ciego es una de las sub-historias dentro de "El Cuento de los Siete Mendigos" del Rebe Najmán (traducido en su totalidad en "Los Cuentos del Rabí Najmán", *Breslov Research Institute*, 1999, p. 202-242).

Un día se produjo un éxodo masivo de cierto país. Toda la gente huyó y al hacerlo debió pasar por un bosque donde se extraviaron un niño y una niña. Cierta persona perdió un niño y otra persona perdió una niña. Ambos eran niños pequeños, de alrededor de cuatro o cinco años.

Los niños no tenían alimentos y comenzaron a gritar y a llorar pues no tenían nada para comer.

De pronto apareció un mendigo que tenía una bolsa a la que llaman "*tarbes*" dentro de la cual llevaba pan. Los niños se le acercaron y comenzaron a seguirlo. Él les dio entonces algo de pan y ellos comieron.

"¿Cómo llegaron aquí?" les preguntó.

"No sabemos", le respondieron. Sólo eran niños pequeños. Cuando el mendigo se estaba yendo, los niños le pidieron que los llevase con él. "No quiero que vengan conmigo", les respondió.

En el ínterin los niños lo observaron con atención y se dieron cuenta de que el mendigo era ciego. Encontraron este hecho muy sorprendente. Si era ciego, ¿cómo podía encontrar su camino? De hecho, parecería extraño que se sorprendieran de ello dado que aún eran niños pequeños. Pero eran niños muy inteligentes y por lo tanto encontraron ese hecho muy sorprendente.

El mendigo ciego los bendijo para que fuesen como él, para que fuesen viejos como él. Les dejó algo de pan para comer y siguió su camino. Los niños comprendieron que el Santo, bendito sea, los estaba cuidando y les había traído a ese mendigo ciego para darles comida.

Cuando el pan se hubo acabado, comenzaron a llorar otra vez, anhelando algo de comida. Cayó la noche y se durmieron. A la mañana siguiente no tenían ya nada para comer y gritaron y lloraron.

Entonces llegó un mendigo sordo. También él les dio algo de pan y los bendijo para que fuesen como él. Con eso, les dejó algo de pan y siguió su camino.

Cuando el pan se hubo acabado nuevamente comenzaron a llorar. Apareció otro mendigo que tenía un defecto en el habla. También les dio pan y antes de irse los bendijo para que fuesen como él. Más tarde llegó otro mendigo que tenía el cuello torcido, seguido por otro que era jorobado. Más tarde pasó por allí un mendigo carente de manos. Finalmente se encontraron con un mendigo sin pies.

Cada uno de estos mendigos les dio pan y los bendijo para que fuesen como él. Todos se comportaron de la misma manera.

Cuando se les acabó el pan que tenían, se pusieron a caminar con la esperanza de alcanzar algún lugar habitado. Encontraron un sendero y lo siguieron hasta que llegaron a un pequeño poblado. Los niños se acercaron a una casa cuyos habitantes tuvieron piedad de ellos y les dieron algo de pan. Fueron a otra casa y también allí la gente les dio algo de comer. De manera que comenzaron a ir de puerta en puerta y decidieron hacerse mendigos.

Cierta vez hubo una gran feria en una de las grandes

ciudades. Todos los mendigos fueron allí y también los dos niños.

De pronto los mendigos tuvieron la idea de que esos dos niños serían la pareja perfecta y que deberían casarse. Cuando trataron el tema recordaron que pronto sería el cumpleaños del rey y que éste estaba preparando una fiesta pública. Los mendigos decidieron ir allí y utilizar para la boda toda la carne y el pan que pudiesen mendigar.

Cumpliendo con el plan, fueron entonces a la fiesta pública. Todos los mendigos llegaron allí y mendigaron carne y pan. Construyeron también un gran pozo y allí festejaron la boda de los niños. Los mendigos los llevaron bajo el toldo de casamiento y estuvieron muy, muy felices.

También el novio y la novia estaban muy felices. Comenzaron entonces a recordar la bondad que el Santo, bendito sea, les había mostrado cuando estaban en el bosque y lloraron y anhelaron mucho diciendo, "Si sólo estuviese aquí el primer mendigo, el ciego aquél que nos dio pan en el bosque...".

La Historia del Mendigo Ciego

Y de pronto, mientras anhelaban por el mendigo ciego, éste apareció y dijo:

¡Aquí estoy! Y he venido para estar en vuestra boda. Les entrego como regalo de bodas el hecho de que sean tan ancianos como yo. Antes les di esto como una bendición pero ahora se los entrego como un regalo completo, como presente de bodas, que tengan una larga vida como la mía.

Ustedes piensan que soy ciego. En verdad, yo no estoy ciego en absoluto. Sino que toda la duración de la existencia del mundo no es para mí sino como un parpadeo.

(Es por esta razón que aparentaba estar ciego, pues no miraba el mundo en absoluto. Dado que toda la duración de la existencia del mundo no era considerada por él más que como un parpadeo, todo el concepto de mirar las cosas del mundo o de verlo no se aplicaban a él).

Yo soy extremadamente anciano, pero aun así soy totalmente joven. Aún no he comenzado a vivir y sin embargo soy muy anciano. Esta no es sólo mi opinión; también tengo la aprobación de la Gran Águila. Permítanme contarles la historia.

Cierta vez la gente salió al mar en muchos navíos. Sobrevino entonces una gran tormenta que destruyó las naves. La gente, sin embargo logró sobrevivir y llegó a una torre. Treparon dentro de la torre y allí encontraron comida, bebida, vestimentas y todo lo demás que necesitaban. Allí había todas las cosas buenas y placeres del mundo.

Las personas comenzaron a conversar entre sí y decidieron que cada una contaría una historia pasada que implicara sus primeros recuerdos. Cada uno contaría aquello que recordaba desde el momento mismo en que comenzara su memoria.

Allí había personas ancianas y también jóvenes. De manera que honraron al más anciano para que fuese el primero en contar su historia.

"¿Qué puedo decirles? Yo recuerdo desde cuando cortaron la manzana de la rama."

Nadie comprendió qué es lo que quería decir. Pero había allí personas sabias que dijeron, "Esta es evidentemente una historia muy antigua".

Honraron luego al segundo que contó su historia. Este, que no era tan anciano como el primero, dijo entonces, "¿Es esa acaso una historia antigua? ¡También yo recuerdo esa historia! Pero ¡también puedo recordar cuando se encendió la lámpara!".

"¡Esta historia es más antigua aún que la primera!" dijeron los hombres sabios. Estaban sorprendidos, pues el segundo no era tan anciano como el primero pero, aun así podía recordar un evento anterior.

Honraron entonces al tercero que contó su historia. El tercero, que era más joven que los otros dos, dijo, "Yo recuerdo cuando la fruta comenzó a tener una estructura, es decir, cuando la fruta comenzó a estar unida".

"Esa historia es más antigua todavía," dijeron.

El cuarto, que era más joven aún, dijo, "Yo también recuerdo cuando la semilla fue traída para plantar la fruta".

El quinto, más joven todavía, dijo, "Yo recuerdo también cuando los hombres sabios inventaron la semilla."

El sexto, más joven aún, dijo, "Yo recuerdo el gusto de la fruta antes de que entrase en el fruto".

El séptimo dijo, "Yo recuerdo la fragancia de la fruta antes de que entrase en el fruto".

El octavo dijo, "Yo recuerdo la apariencia de la fruta antes que fuera atraída hacia el fruto".

Yo también estaba allí en ese momento, continuó contando el mendigo ciego y era aún un niño. Hablé entonces con ellos y les dije, "Yo recuerdo todos estos eventos y también recuerdo la *nada*".

"Esta es una historia muy antigua", dijeron los hombres sabios, "más aún que todas las demás". Estaban muy sorprendidos del hecho de que un niño recordase más que todos.

En medio de ello llegó la Gran Águila que golpeó en la torre y les dijo, "¡Dejen de ser pobres! ¡Retornen a sus tesoros! ¡Hagan uso de sus tesoros!".

El Águila les dijo entonces que saliesen de la torre ordenados por edad, con el más anciano primero.

Al sacarnos de la torre, el Águila me hizo pasar a mí primero, aunque era el más niño, pues yo era de hecho más anciano que todo el resto y la Gran Águila nos estaba sacando en orden de acuerdo a la edad. De hecho el más joven era el más anciano y el más anciano era el más joven.

Dijo entonces la Gran Águila, "Voy a explicar las historias que contaron cada uno de ustedes.

"El primero dijo que recordaba cuando cortaron la manzana de la rama. Estaba diciendo con ello que recordaba cuando habían cortado su cordón umbilical. Estaba diciendo que recordaba cuando nació y cortaron su cordón umbilical.

"El segundo dijo que recordaba cuando la lámpara estaba encendida. También podía recordar cuando estaba en el vientre de su madre, con una lámpara encendida sobre su cabeza.

"El tercero dijo que recordaba la formación de la semilla. Recordaba también la formación del cuerpo, es decir la formación del feto.

"El cuarto dijo que recordaba cuando la semilla había sido plantada. Recordaba cómo la gota había sido emitida en el momento de la concepción.

"El quinto recordaba a los hombres sabios que descubrieron la semilla. Recordaba cuando la semilla estaba aún en el cerebro. Es el poder mental del cerebro lo que da origen a la gota.

"El sexto recordaba el gusto. Esto es el alma.

"El séptimo recordaba la fragancia. Esto es el espíritu.

"El octavo recordaba la apariencia. Esto es la esencia.

"Por último estaba el niño que dijo que recordaba también la nada. Él es el más elevado de todos pues recuerda inclusive lo que era anterior al *nefesh*-alma, el *rúaj*-espíritu y la *neshamá*-esencia. Este es el concepto de Nada".

La Gran Águila les dijo entonces, "Vuelvan a sus navíos, los cuales son sus cuerpos. Ellos fueron destruidos pero serán reconstruidos. Ahora retornen a ellos." Y diciendo eso, los bendijo.

La Gran Águila me dijo entonces, "Tú vendrás conmigo pues eres tal como yo. Eres muy anciano y al mismo tiempo muy joven; aún no has comenzado a vivir, pero eres extremadamente anciano. Yo soy igual, pues soy anciano y al mismo tiempo soy joven...".

Tengo por lo tanto la palabra de la Gran Águila de que he vivido una muy larga vida.

Ahora, como presente de bodas, les doy a ustedes mi larga vida.

Al decir esto, hubo una tremenda alegría y regocijo.

*

EL RABÍ NATÁN SOBRE LOS TEFILÍN
Likutey Halajot, Oraj Jaim, Hiljot Tefilín **5**

I

La Santa Alegría

[1] Si tienes ojos para ver y sinceramente deseas encontrar la verdad, "El Cuento de los Siete Mendigos" te dará un lejano atisbo de comprensión sobre la grandeza de Dios y sobre las alturas alcanzadas por los más sobresalientes Tzadikim de todos los tiempos. Porque todas las cosas que los diferentes personajes del cuento relatan sobre sus logros se refieren a los triunfos espirituales de uno o de otro de los más grandes Tzadikim, a través de las épocas, quienes se alegran en los mundos superiores sobre sus logros en este mundo. ¡Felices son!

Por ejemplo, en la parte del relato que nos concierne ahora, el Cuento del Mendigo Ciego, cada uno de los ancianos cuenta aquello que es su primer recuerdo. Hasta el más pequeño de ellos se encontraba en un nivel tan elevado que es imposible para nosotros comprender realmente su verdadera grandeza y santidad. Es así que el primer anciano relata que podía recordar lo que le sucedió cuando cortaron su cordón umbilical. Piensa en esto: ¿hay acaso alguna persona en toda una generación que pueda reclamar genuinamente haber alcanzado tal nivel de pureza como para recordar lo que le sucedió en el momento del nacimiento, cuando cortaron su cordón umbilical? Y el anciano que recordaba esto resultó ser el más pequeño de todos ellos.

A partir de esto puedes observar qué nivel alcanzó el segundo. Para él, el nivel del primero era una broma. "¿Esa es una historia antigua?", le dijo. "Yo recuerdo esa historia, pero también recuerdo cuando la lámpara fue encendida". El Gran Águila interpreta más tarde que esto significa que también recordaba lo que le sucedió cuando estaba en el vientre de su madre, cuando la lámpara brillaba sobre su cabeza. Aunque estamos lejos de comprender esto, podemos tener una leve idea de la superioridad del segundo anciano por sobre el primero. Porque hay una gran diferencia entre el estado de una persona antes de entrar a este mundo que luego de hacerlo (ver *Nidá* 30b, etc.).

Todo el tiempo que el embrión está en el vientre, una luz brilla sobre su cabeza y se le enseña toda la Torá, pudiendo ver de un extremo al otro del universo. Pero en el momento en que emerge al aire de este mundo, llega un ángel que lo golpea en la boca y olvida todo. Esto es lo Job quiere significar cuando dice: "¡Quién diera que yo estuvieses como en los meses pasados [es decir, sus meses en el vientre], como en los días en que Dios me guardaba! Cuando resplandecía Su lámpara sobre mi cabeza y a Su luz andaba yo por las tinieblas" (Job 29:2-3, tratado en *Nidá*, loc. cit.).

Toda la tarea del hombre es alcanzar el mismo conocimiento y percepción que tuvo al comienzo, cuando la lámpara brillaba sobre su cabeza y él podía ver gracias a la luz oculta de los Siete Días de la Creación y percibir de un extremo al otro del universo. Ahora puedes comprender cuán lejos del nivel del primer anciano se encontraba el segundo. ¡Tanto como los cielos están por sobre la tierra!

Lo mismo se aplica al tercer anciano comparado con el segundo y así con todos los demás.

Hasta el más bajo de ellos era tan exaltado que un Tzadik así sólo aparece en el curso de varias generaciones. Aun así, en comparación con el segundo, era considerado una mota de polvo. De la misma manera el segundo en comparación con el tercero, y así en más, hasta que llegamos a aquél que se enorgullecía de ser un completo infante. Este es el Mendigo Ciego mismo, quien dijo que recordaba todos estos eventos y que aun así recordaba la nada absoluta. Es un principio fundamental de la literatura mística que incluso un nivel muy exaltado no es más que un mero punto en relación al nivel superior que le sigue. Es así que el *Tikuney Zohar* afirma: "Hasta la Corona Suprema es negra frente a la Causa de las causas" (*Tikún* 70, 123b).

Todas estas asombrosas maravillas son presentadas en el Cuento del Mendigo Ciego, relatado el primer día de la boda. Durante los días siguientes, los otros mendigos relatan muchos otros logros espirituales extraordinarios (ver *Los Cuentos del Rabí Najmán*, y *El Tikún del Rabí Najmán*, donde se trata sobre la historia del Sexto Día). El santo Rebe Najmán conocía todo esto, y sabía cómo contar cada historia de la manera en que debía ser, cómo y cuándo debía ser. Cuando relató este cuento dijo de él mismo que si esta historia hubiera sido todo lo que sabía aun así él sería completamente único.

[2] Para recapitular, el cuento del Primer Día describe cómo cada uno de ellos contó una historia antigua sobre su primer recuerdo. El primer anciano dijo que recordaba incluso cuando cortaron la manzana de la rama, es decir, cuando cortaron su cordón umbilical. El segundo anciano dijo que

recordaba cuando la lámpara fue encendida, es decir cuando estaba en el vientre de su madre y una lámpara brillaba sobre su cabeza. El tercero relató que recordaba cuando el cuerpo comenzó a tomar forma. El cuarto recordaba incluso cuando la simiente fue traída para plantar el árbol, es decir, el descenso de la simiente en el momento de la unión.

El quinto podía recordar incluso cuando los sabios estaban inventando la simiente, es decir, cuando la simiente aún estaba en el cerebro del padre. El sexto, el séptimo y el octavo podían recordar la apariencia, el gusto y el perfume incluso antes de que entrasen en la fruta, es decir, el *nefesh*, el *rúaj* y la *neshamá*. Y el infante, el Mendigo Ciego mismo, quien relató toda la historia, dijo que él podía recordar la nada absoluta. Porque él estaba más arriba que todos ellos, y podía recordar incluso lo que es anterior al *nefesh*, al *rúaj* y a la *neshamá*, aquello que es llamado la Nada. Si miras con honestidad y verdad en esta historia, podrás tener un débil atisbo de las maravillas de Dios. Nada como esto ha sido visto u oído desde que el mundo fue creado.

Conciencia Expandida

El término hebreo aquí traducido como "conciencia expandida" es mojín de gadlut. *Este es uno de los conceptos centrales del presente* maamar. *El uso en español de la expresión "conciencia expandida" no tiene ninguna conexión con su uso en cualquier otra tradición religiosa o meditativa, y no debe ser confundido con nociones populares tales como "estados alterados de conciencia". La palabra* moaj *hace referencia al cerebro, a la mente o a la percepción consciente. En la literatura kabalista y jasídica, el plural* mojín, *denota un estado particular de conocimiento y conciencia. El término* mojín de gadlut, *(a veces simplificado con el uso de la palabra* mojín*) se refiere a un estado de conciencia expandido del plano espiritual de la existencia, que es uno de los objetivos primarios del buscador espiritual judío y que puede ser experimentado especialmente en las alturas de la plegaria y de la meditación.*

Mojín de gadlut *está particularmente asociado con* Daat, *el conocimiento, pues el estado mental en cuestión implica un conocimiento y una comprensión del orden de las Diez Sefirot: estos son los atributos Divinos que subyacen detrás de la Creación visible y a través de los cuales la Creación fluye desde su Fuente oculta. Así,* mojín de gadlut *es un nivel superior a la simple* Emuná, *la fe que uno puede tener incluso careciendo de conocimiento. La persona puede tener una fuerte* fe en Dios y en Su presencia, sin tener un *conocimiento refinado de Sus caminos y de cómo Él se relaciona con la Creación.* Emuná, *la fe en Dios, es sin embargo la puerta de entrada necesaria para acceder a* mojín de gadlut.

Como quedará ampliamente claro en el curso del maamar *del Rabí Natán ,* mojín de gadlut *no es un estado absoluto que se alcanza de una vez y para siempre. El buscador religioso comienza con la simple* Emuná. *Entonces, a través de la intensa plegaria, del estudio, de la contemplación y de más plegaria, puede ser agraciado con la conciencia expandida, pero sólo durante un tiempo. Se encuentra en la naturaleza de nuestras limitadas mentes el hecho de que luego de un tiempo la conciencia expandida nos abandona y retornamos a* mojín de katnut, *la conciencia restringida.*

Cada plegaria, entonces, es una oportunidad de alcanzar nuevos niveles de conocimiento y de comprensión de Dios. Estos a su vez aumentan la Emuná *que permanece con uno incluso luego de haber pasado la intensidad de la experiencia de la plegaria. Esta* Emuná *más profunda inspira entonces a buscar un mayor conocimiento y comprensión.*

Toda la historia del Mendigo Ciego está conectada con los Tefilín. Una de las ideas claves de los Tefilín es la memoria: ellos son un "*recordatorio* entre tus ojos" (Éxodo 13:9). ¿Por qué "entre tus ojos"? Porque la clase de memoria que tenemos depende de lo que hacemos con nuestros ojos. Esto está claro a partir de la historia. El mendigo que la cuenta estaba "completamente ciego", es decir, que no miraba en absoluto a este mundo material. Había alcanzado un nivel donde el mundo entero no era más que un parpadeo en cuanto a él concernía. En este sentido había alcanzado la visión perfecta, y esto es lo que le permitía desarrollar su memoria al nivel último de la perfección, de modo que podía recordar más que todos los otros. La memoria depende de los ojos. (Ver también *Likutey Moharán* I, 54).

Los Tefilín implican más que los simples objetos físicos, el pergamino y las porciones de Torá, las cápsulas y las correas, con los cuales se cumple la mitzvá. Los Tefilín son un concepto espiritual, un concepto de conciencia expandida. La conciencia expandida es un estado de conciencia espiritual y de conocimiento amplificados en el cual uno alcanza una comprensión de la Divinidad mucho más profunda que cuando se está dedicado a los asuntos mundanos. Esta conciencia expandida es lo que aquí es llamado memoria, memoria en su aspecto sagrado (ver *Likutey Moharán* I, 37, donde el concepto de "memoria" se equipara con la comprensión y la conciencia expandida).

Los Tefilín contienen pasajes de la Torá, las *parashiot*: es la Torá espiritual escrita en un pergamino material. Hay cuatro *parashiot* en los Tefilín de la Cabeza (llamados en hebreo *Tefilín Shel Rosh*), y cuatro en los Tefilín del Brazo (*Tefilín Shel Iad*). Estos ocho pasajes corresponden a los ocho ancianos santos del cuento, quienes eran maestros de la memoria. Porque los Tefilín son "para *recordatorio* entre tus ojos".

Los *Tefilín Shel Rosh*, los Tefilín de la Cabeza, están asociados con el aspecto masculino (dador) de la Divinidad, mientras que los *Tefilín Shel Iad*, los Tefilín del Brazo, están asociados con el aspecto femenino (receptivo). Los dos juntos están asociados con el estado de conciencia expandida conocido como "gestación" (*Pri Etz Jaim, Shaar HaTefilá*, C.1. Ver adelante #29-32 para un mayor tratamiento de la idea de gestación y nacimiento). De manera similar, estos ocho ancianos santos que alcanzaron niveles de conciencia tan exaltados que cada uno de ellos podía recordar muy atrás, se dividen en dos grupos de cuatro, correspondientes a los dos grupos de cuatro *parashiot* en los Tefilín *shel iad* y *shel rosh*.

Así, cuando los cuatro primeros ancianos contaron sus historias, todos sus recuerdos se relacionaban con sus experiencias luego de entrar en el útero. Uno se enorgullecía de que podía recordar cuando trajeron la simiente y plantaron el árbol, la entrada de la gota de semen. El segundo recordaba la formación de la fruta, el tercero, cuando la lámpara fue encendida, es decir todo el período de gestación. El cuarto y último recordaba el momento de la formación completa del nuevo infante como un ser independiente, el corte del cordón umbilical, marcando su primera entrada en este mundo. Todo lo que ellos recordaban está asociado con los milagros de Dios con el niño mientras está dentro de la madre y unido a ella, de modo que sus niveles de conciencia son "femeninos". Corresponden a las cuatro *parashiot* de *shel iad* que, como hemos visto arriba, están asociadas con el "aspecto femenino" y con los correspondientes niveles de conciencia.

Por otro lado, el segundo grupo de ancianos podía recordar mucho más atrás, *antes* que la simiente llegase al útero de la madre. Podían acordarse de cuando la simiente aún estaba en el cerebro del padre: podían recordar la apariencia, el gusto y el perfume: el *nefesh*, el *rúaj* y la *neshamá*. El pensamiento se origina en el lugar más exaltado, y desciende de nivel en nivel, de causa a efecto, de mundo a mundo, a través de los niveles del *nefesh*, *rúaj* y *neshamá*, hasta que llega a ser el pensamiento a través del cual llega a la existencia la santa gota de la cual se formará el niño. Estas cuatro etapas tienen lugar en el padre, lo masculino. Es por esto que los ancianos que podían recordar estas etapas corresponden a las *parashiot* de *shel rosh*, que están asociadas con la "conciencia masculina" y con los correspondientes niveles de conciencia.

Las raíces espirituales de la mitzvá de los Tefilín se encuentran en el aspecto Divino conocido como la Barba Santa. [Dado que el Hombre fue creado en la imagen de Dios, las diferentes partes de la forma humana corresponden a diferentes aspectos de la revelación Divina en la Creación. La intención profunda de Dios al producir la Creación como un todo es demasiado exaltada como para ser revelada dentro de la Creación misma y está aludida por el cerebro, que no es visible: está oculto dentro del cráneo. A través del cráneo el cerebro le da vitalidad a los pelos de la barba. La barba *es* visible al observador, de modo que los pelos de la barba indican cómo los variados detalles de los mundos creados derivan de una sola y unificada intención Divina].

La Barba Santa es la fuente de una larga vida. La palabra hebrea para barba, *ZaKaN*, está compuesta por las mismas letras que la palabra para designar un anciano, *ZaKeN*. Los ocho ancianos de la historia, correspondientes a las ocho *parshiot* de los Tefilín, encarnan diferentes aspectos de la Barba Santa. Y todos ellos reciben del Anciano Supremo, el más grande de todos y que era también el más joven, el Mendigo Ciego, quien era un completo infante. Él es la fuente misma de la larga vida y de la ancianidad. Los ocho santos ancianos, las ocho *parashiot* de los Tefilín, derivan de él. Es por esto que no hay ninguna *parashá* que le corresponda a él.

Porque él es más exaltado que todos los otros: él es su raíz. Es la fuente de todos los estados de conciencia expandida asociados con los Tefilín, tal cual están encarnados en los ocho ancianos santos. Porque él mismo está fundido en el Infinito. Es por esto que su estado de conciencia no es llamado memoria ni recuerdo. Los Tefilín expresan la idea de la memoria, pero el estado de conciencia de este Anciano Supremo va *más allá* de la memoria, como él mismo dice cuando cuenta que recuerda todo esto y aun así no recuerda nada. En otras palabras, él puede recordar todo lo que los otros recuerdan, porque él los engloba a todos ellos, y todos ellos reciben su conciencia y su memoria de él. Pero su propia conciencia no puede en sí misma ser llamada memoria: está *más allá* de la memoria y es su fuente misma, porque él está absorbido en el Infinito. Es por esto que no tiene una *parashá* correspondiente, porque es más exaltado que todos los otros ancianos y que todas las *parashiot*, él es su fuente.

Vida

[4] Los estados de conciencia expandida asociados con los Tefilín pueden ser sintetizados en una palabra: ¡vida! Los sabios han enseñado así que aquellos que se colocan los Tefilín obtienen vida. "Dios está sobre ellos..." (es decir, el nombre de Dios, que está escrito dentro de los Tefilín y también está formado por los nudos y la manera en la cual están atados los Tefilín), "...ellos *vivirán*" (Isaías 38:16, tratado en *Menajot* 44b). La mitzvá de los Tefilín nos da vida y vitalidad, porque la sabiduría, la percepción espiritual y la conciencia expandida *son* vida. "La sabiduría le da vida a quien la posee" (Eclesiastés 7:12).

Los Tefilín están asociados con los tres Nombres Divinos: *EHIÉ, IHVH, EHIÉ*, cuyo valor numérico es igual al de las letras de la palabra *JaIM*, vida, la vida del espíritu. (*Pri Etz Jaim, Shaar Tefilín*, C.1).

Pues los estados de conciencia asociados con los Tefilín derivan de la Barba Santa que comprende a todos los santos ancianos de la historia, todos los cuales están enraizados en el Anciano Supremo, el Mendigo Ciego, quien se enorgullecía de que su vida era en verdad una larga vida, porque él era muy anciano... pero aún era un infante de pecho y no había siquiera comenzado a vivir... pero aun así era muy anciano y todo el tiempo del mundo no era más que un parpadeo en cuanto a él concernía.

Todos estos temas implican los secretos ocultos del Anciano de Días, que están más allá de nuestra posibilidad de pensamiento, y nadie sobre la tierra puede encontrar la interpretación o hablar sobre el secreto. Incluso así, el Rebe contó la historia, y sus palabras han sido puestas por escrito e impresas, todo a través del amor de Dios por Su pueblo. De modo que es adecuado que busquemos algunas alusiones que podamos aplicar en nuestra vida práctica para despertarnos de nuestro sueño espiritual. Este fue todo el propósito del Rebe al contar estas historias, despertar a la gente que pasa sus vidas durmiendo (ver Likutey Moharán I, 60:6).

[5] En cuanto a la vida práctica concierne, la idea clave es algo que pude contemplar en la propia vida del Rebe una y otra vez. Varias veces le escuché decir, "La vida que hoy tuve fue totalmente diferente a la que he tenido antes". Otras veces comentó que la gente utilizaba la palabra "vida" para referirse a diferentes clases de vida. La vida puede ser dolorosa, y hay muchas clases de dolor. Todas las diversas clases de vida son llamadas vida (ver *Tzadik* #8; #400). Pero la única vida real, en el verdadero sentido de la palabra, es la larga vida vivida por el Mendigo Ciego. Él se enorgullecía de ser muy anciano... pero aun así era muy joven... ¡y ni siquiera había comenzado a vivir todavía!

La vida en el verdadero sentido de la palabra es cuando constantemente hacemos un nuevo comienzo en nuestro trabajo espiritual, como si nunca hubiéramos empezado antes. El *Shemá* dice: "...estas palabras que te ordeno *hoy* deben estar sobre tu corazón" (Deuteronomio 6:6). *Hoy*, porque "cada día las debes ver como si fuesen totalmente nuevas. No las mires como a un antiguo conjunto de ordenanzas de las que nadie se preocupa. Cada día deben ser *nuevas*" (*Sifri, ad loc.*). De manera similar, "Presta atención y escucha, Israel: *hoy* han llegado a ser el pueblo de Dios" (Deuteronomio 27:9), "Cada día debes pensar como si ese mismo día acabaras de entrar al pacto con Dios" (ver *Rashi, ad loc.*).

Esto es algo que pude ver en el Rebe una y otra vez. En un momento podía alcanzar las alturas espirituales más asombrosas y revelar extraordinarias enseñanzas como nunca antes han sido escuchadas. Entonces, inmediatamente después podíamos verlo triste y deprimido. A veces él nos explicaba porqué lo veíamos así, derramando su corazón en tristeza, preguntando cómo uno podía llegar a ser un buen judío. Hablaba como alguien que nunca hubiera sentido en su vida el mínimo gusto de lo espiritual. Es imposible describir esto a alguien que nunca lo vio. El Rebe decía constantemente, "¡Ahora no sé nada, absolutamente nada!", aunque en el momento anterior había revelado las enseñanzas más poderosas y alcanzado asombrosas alturas de espiritualidad. Un momento después decía que no sabía nada en absoluto.

Simplemente, el Rebe nunca se mantenía quieto, ni por un momento. Nunca se quedaba en el mismo nivel. Siempre estaba avanzando, tan rápido como podía, de un nivel al siguiente, siempre hacia adelante, hasta conseguir las alturas más exaltadas. Y aun cuando las alcanzaba, no estaba satisfecho.

Comenzando

El secreto de la vida es comenzar constantemente de nuevo nuestro trabajo espiritual. El trabajo espiritual, el servicio a Dios, *es* la vida, "porque ésta [la Torá] *es tu vida*" (Deuteronomio 30:20). Toda la clave de la vida espiritual es *comenzar*, empezar constantemente de nuevo, con esfuerzos renovados, y nunca dejarse caer en la vejez en el sentido no santo. Nunca dejes que tus plegarias y tus otras devociones se vuelvan una rutina anticuada. Esto es lo que el Rebe quiso significar cuando dijo que no es bueno ser viejo (*Sabiduría y Enseñanzas del Rabí Najmán de Breslov* #51). ¡No es bueno un Tzadik viejo y no es bueno un viejo jasid! ¡No es bueno ser viejo en absoluto! Siempre debemos comenzar de nuevo, ¡todo el tiempo!

Esta era la clave de la larga vida del Mendigo Ciego. Él era anciano y joven al mismo tiempo. Cuanto más viejo se volvía y más se fundía con El Anciano, más joven se hacía, porque cada vez tenía una percepción más profunda de cuán lejos estaba de Dios, cuya "grandeza es insondable" (Salmos 145:3). Cuanto más se unía con lo santo, más comprendía que aún no había siquiera *comenzado* a vivir. Al final alcanzó una larga vida en el verdadero sentido del término, una vida en la cual la juventud y la vejez se unen de una manera que, en última instancia, está más allá de la comprensión.

Toda esta idea está expresada en la mitzvá de los Tefilín, que derivan de este santo anciano, porque como hemos visto, él es la raíz de los Tefilín y de los estados de conciencia expandida con los cuales están asociados. La Torá dice de los Tefilín: "Ustedes que están unidos al Señor, tu Dios, hoy están todos *vivos*" (Deuteronomio 4:4). La idea principal de los Tefilín es vivir una nueva vida a cada momento, renovar nuestra vida como el águila y constantemente comenzar de nuevo en nuestro trabajo espiritual, sin caer nunca en la clase de vejez no santa que hace que todo parezca anticuado y rutinario. Todo debe ser siempre completamente nuevo y fresco, como si nunca hubieras comenzado antes. Esto se aplica inclusive a los más grandes Tzadikim, quienes pueden haberle dedicado años de trabajo y esfuerzo a sus devociones. Cuando consideras cómo toda la Creación se renueva constantemente día tras día, ¡incluso tales Tzadikim no han comenzado siquiera!

Porque Dios está haciendo siempre cosas nuevas. "En Su bondad Él renueva a cada momento la obra de la creación" (de la bendición antes del *Shemá* de la mañana). Ningún día es como el otro. Cada día y a cada momento, Dios hace nuevas maravillas. Ningún día es como el siguiente, ningún momento es como algún otro. Porque momento a momento los mundos están en un constante estado de flujo y de cambio. La variedad es infinita, tremenda y totalmente maravillosa.

Lo más asombroso de todo es que el flujo vital que llega a los mundos depende enteramente de los esfuerzos del hombre en este mundo. Todo depende de nosotros, desde el comienzo hasta el final. Y es por esto que debemos hacer constantemente nuevos esfuerzos en nuestro trabajo para Dios, de acuerdo a las siempre cambiantes necesidades de todos los mundos y de las necesidades del proceso creativo en cada momento particular. Porque cada nuevo momento trae una nueva revelación de Divinidad. "Un día transmite a otro día y una noche revela el conocimiento a otra noche" (Salmos 19:3). Cada día, cada noche, cada minuto y cada segundo, la grandeza de Dios se revela de una manera completamente nueva y sin paralelo en toda la creación.

Es por esto que siempre debes comenzar de nuevo. Contempla la Torá y las mitzvot como completamente nuevas cada día. Esta es la clave para una larga vida y vitalidad. Como dijo el Rebe: con cada día que pasa debes alargar el día agregando más santidad y más conocimiento y sabiduría (ver *Likutey Moharán* I, 60:3). Cada día comienza siendo muy corto, en el sentido de que parece haber tanto para hacer. Todo parece una gran carga. Debemos ocuparnos de extender el día, alargándolo, agregando nueva santidad y pureza. Esta es la clave para una larga vida, comenzar siempre de nuevo, haciendo nuevos esfuerzos con mayor determinación. No importa lo que hayamos alcanzado en el pasado, debemos olvidarlo por completo. Lo más importante es *ahora*. Debemos hacer un comienzo completamente nuevo.

Esto lo logramos a través de los Tefilín. La idea esencial de colocarse los Tefilín día tras día es alcanzar *vida*, porque "Ustedes que están unidos al Señor, tu Dios, hoy están todos *vivos*". La idea de la constante renovación es el elemento central en el estado de vitalidad y de conciencia expandida que derivan del Anciano Supremo que es la fuente de los Tefilín. Él tenía una larga vida porque combinaba la ancianidad con la juventud, tal cual se enseña en los Salmos (103:5): "Renueva tu juventud como el águila". "Cuanto más vieja es el águila", comentaron los sabios, "más joven se vuelve" (ver *Rashi ad loc.*). En otras palabras, cuanto más vieja se vuelve, más renueva su vida, comenzando nuevamente cada vez. Siempre está comenzando a vivir. Es por lo cual, en el cuento, el Mendigo Ciego tenía la aprobación de la Gran Águila. Y esta constante renovación es la idea subyacente a los Tefilín y la clave de la vida.

Paciencia

[6] La idea esencial de los Tefilín, entonces, es que brille en nosotros un estado mental más elevado. Hemos visto que esta luz interior deriva de la Barba Santa. La Luz de la Barba Santa, también llamada La Luz del Rostro, se expresa en los Trece Atributos de Misericordia de Dios (Éxodo 34:6-7). La raíz de todos ellos es la victoria sobre la ira. Por amor, Dios deja de lado la manera severa de tratar con el mundo tal cual lo demanda la estricta justicia. En lugar de ello, Él mitiga el juicio. Esta cualidad es llamada "lento para la ira", es decir, la paciencia.

La paciencia es la raíz de los otros Trece Atributos, tal como aprendemos del comentario que hicieron los sabios sobre el pasaje que describe la revelación de los Trece Atributos a Moisés. En el momento de la revelación, la Torá nos dice que "Moisés se apresuró e inclinó a tierra su cabeza" (Éxodo 34:8). "¿Qué es lo que vio que le hizo hacer esto?", preguntaron los sabios. Y respondieron: "¡Él vio la *paciencia*!" (*Sanedrín* 111a). La paciencia, la victoria sobre la ira, es la clave para todos los otros atributos. Fue por esto que Moisés se sintió tan conmovido cuando le fue revelado.

La paciencia es una de las cualidades más importantes que necesita todo judío (ver *Likutey Moharán* I, 155). Es un principio básico el hecho de que el judío debe tratar de asemejarse al Creador y cultivar en él los Trece Atributos de Misericordia. La paciencia quiere decir no dejar que nada te enoje o te ofenda. No le prestes atención a todos los obstáculos y distracciones que encuentres cuando avances en tu búsqueda espiritual.

Hay muchas y diferentes clases de obstáculos. Algunos vienen del mundo que nos rodea. Las personas pueden ponernos toda clase de barreras en el camino. Incluso la gente más cercana, padres o suegros, esposas, maridos u otros parientes y amigos. Todos hemos experimentado esto. Tan pronto como alguien comienza a tratar de seguir un sendero espiritual y esforzarse por orar con concentración y demás, se ve inmediatamente confrontado con una interminable sucesión de obstáculos provenientes de la gente que lo rodea. La única manera de luchar es con determinación: debes ser "audaz como un leopardo y fuerte como un león" (*Avot* 5:24) para hacer la voluntad de Dios y superar todos los obstáculos. Debes hacer tu parte. Continúa con tus plegarias y con tus estudios, etcétera, como mejor puedas y trata de no prestar atención alguna a las distracciones. Esto es lo que quiere decir la paciencia: no te vuelvas impaciente ni te sientas frustrado. No te detengas debido a los obstáculos. Continúa, sé paciente y no les prestes ninguna atención.

Lo mismo se aplica a las diversas distracciones que provienen de nuestro interior, nuestros deseos materiales, los pensamientos y sentimientos negativos, y demás. Es posible que te sientas constantemente asediado por ellos, especialmente cuando estás tratando de orar. Esto puede producir mucha angustia. Aun así, debes ser paciente. La paciencia es un aspecto de la fe: creer que todo es enviado por Dios. Hazte fuerte en tu fe en Dios y en el poder de los Tzadikim y de sus enseñanzas. Trabaja sobre tu determinación y continúa con tus esfuerzos. No dejes que nada te preocupe o te deprima. ¿Tienes una insistente voz dentro de ti que pone toda clase de pensamientos confusos en tu mente, diciéndote que todo es inútil y sin esperanzas, especialmente luego de todo el daño que has hecho en tu vida y de todos tus errores pasados? Simplemente no le prestes atención.

No existe en el mundo tal cosa como la falta de esperanza, ¡la desesperación no existe! Aunque hayas fallado una y otra vez, eso no es razón para abandonar. Continúa con determinación y comienza todo otra vez, cada día de tu vida. No te vuelvas viejo en el sentido no santo. Tener la idea de que nos hemos vuelto viejos en nuestros pecados es la raíz de todas nuestras fallas y desaliento. La gente tropieza al pensar que están tan habituados a sus malas maneras, que no existe esperanza alguna de librarse de ellas. Esto no es verdad. Debemos creer y saber que en cada día y a cada momento, todo individuo tiene el poder de volverse una persona completamente nueva.

Renovación

Dios está creando constantemente. Ningún día ni momento es igual a otro. Es por esto que debes siempre actuar con determinación y comenzar todo nuevamente. En ocasiones deberás comenzar de nuevo varias veces en el mismo día (ver *Sabiduría y Enseñanzas del Rabí Najmán de Breslov* #48). Es posible que sientas que no estás haciendo ningún progreso. Aun así, trata siempre de recordar el poder creativo de Dios, el poder de la innovación y de la renovación, y olvídate simplemente de lo que pueda haber sucedido en el pasado.

¡Comienza ahora! No te dejes desalentar.

Esto es lo que significa la paciencia: respirar profundamente, dejando que todos los obstáculos y las distracciones pasen junto a ti sin prestarles atención alguna, sin enfadarte, sin acobardarte ni desalentarte de manera alguna. Fortalécete en Dios tanto como puedas. Dios está constantemente pleno de amor. Su bondad es infinita, Su amor nunca acaba.

Vale la pena repetir estas ideas básicas una y otra vez, porque son la clave de todo éxito en la vida. El único motivo por el cual la gente está tan lejos de Dios es porque se han desanimado. Esto es algo verdaderamente trágico, porque al permitir que sus esfuerzos flaqueen y se queden en la nada, están perdiendo todo el bien que podrían haber tenido en el Mundo que Viene. Algunos intentaron servir a Dios pero tan pronto como enfrentaron una prueba cayeron y perdieron el interés al punto en que abandonaron. Otros hicieron un segundo esfuerzos y trataron nuevamente una o dos veces. Pero cuando vieron que seguían cayendo ante los obstáculos, se desanimaron y sintieron que simplemente no tenían la fuerza para comenzar otra vez. Todo esto es la obra del Malo. El Malo es llamado el Hombre Viejo de *Sitra Ajara*, del Otro Lado. (El Otro Lado es el ámbito de todo lo que no es santo). Este es el "rey viejo y tonto" (Eclesiastés 4:13). Él trata con todas sus fuerzas de hacernos sentir viejos y débiles poniendo en nuestras mentes la idea de que hemos ido tan lejos en nuestro mal comportamiento que nunca seremos capaces de cambiar.

Esto simplemente no es verdad. Cada día la persona se despierta como un ser completamente nuevo, motivo por el cual recitamos cada mañana las bendiciones apropiadas, porque cada día nos transformamos en una persona nueva (ver *Tur, Oraj Jaim* 46 y *Taz* sobre *Oraj Jaim* 4:1). "Él le da fuerzas al cansado" (*Bendiciones de la Mañana*) es una bendición sobre la renovación de nuestros poderes mentales y espirituales y de nuestra vitalidad.

Ten mucho cuidado de no caer en una vejez no santa. Mantente fuerte y renuévate a cada instante. ¡Cada día y a cada momento debes sentir como si *hoy* hubieras nacido! "Cada día debes contemplar a la Torá y a las mitzvot como si fueran nuevas". No les prestes ninguna atención a los obstáculos ni a las barreras. Esto es lo que significa ser paciente.

El Anciano Santo de la historia es el ejemplo perfecto de esta paciencia. Él es el verdadero anciano, porque realmente tiene una larga vida en el verdadero sentido del término. Siempre está comenzando de nuevo y ésta es la clave para una larga vida. Cuando la persona siente que su trabajo espiritual está viejo y estancado, o peor aún, si siente que ha envejecido en sus malos hábitos, esto no es ancianidad en absoluto, sino lo opuesto. Esta manera de vivir hace que el tiempo sea muy corto. La gente que no está constantemente desarrollándose y creciendo en la santidad es llamada "de corta vida y llena de ira" (ver *Likutey Moharán* II, 4).

Los Rectos, los Malvados y los Intermedios

[7] Todo aquél que se interese en su destino final debe tener mucho cuidado de no ser viejo, en absoluto, es decir, de no caer en la mentalidad vieja del Otro Lado. Esto se aplica a todos, desde los más grandes Tzadikim hasta los individuos

medios e incluso a los más bajos de los más bajos: todos deben tener mucho cuidado de no caer nunca en esta clase de mentalidad vieja.

Incluso un gran Tzadik no debe envejecer en sus devociones, aunque ya haya alcanzado niveles muy elevados. Aún debe continuar subiendo de nivel en nivel. Cada vez debe comenzar todo nuevamente. Esta es la esencia del judaísmo: avanzar con determinación, elevándose constantemente de nivel en nivel. Esto lo escuché directamente del Rebe al comenzar su lección sobre "Las Nueve Preciosas Perfecciones de la Barba" (*Likutey Moharán* I, 20). Sus palabras precisas fueron, "Aquel que quiere ser un judío, es decir ir de nivel en nivel, sólo puede lograrlo por medio de Eretz Israel, la Tierra de Israel". La idea es que el judío está definido como alguien que siempre está moviéndose de nivel en nivel. Esta es la única y verdadera larga vida, cuando la persona constantemente comienza de nuevo.

Por otro lado, y en el otro extremo del espectro, incluso si la persona ha hecho mucho daño aun así no debe ser vieja. Tal persona necesita ocuparse particularmente de no caer en la mentalidad de la vejez, para no hundirse en la desesperación. La insistente voz interior le dice, "Ya eres un viejo pecador, nunca podrás cambiar". La persona que tenga una larga historia de malas acciones necesita hacer un decidido esfuerzo para comenzar nuevamente. ¡Lo más importante es hacer *algo* santo, grande o pequeño! Incluso si lo único que puedes hacer es decir una palabra de la plegaria o estudiar una mínima cantidad, debes hacer lo que puedas y tomar fuerzas de la santidad que te corresponde por ser parte del pueblo judío.

Porque no importa cuán bajo te sientas, ciertamente

cada día haces muchas mitzvot, porque "incluso los pecadores judíos están llenos de mitzvot, como una granada está llena de semillas" (*Eruvin* 19a). Debes buscar tus puntos buenos y constantemente fortalecerte en ellos, como explicó el Rebe Najmán en su enseñanza de *Azamra* (incluida en el libro *Cuatro Lecciones del Rabí Najmán de Breslov*). ¡Nunca abandones! Siempre debes comenzar de nuevo, para no perderlo todo. Lo que puedas hacer hazlo con todas tus fuerzas. Lo más importante es la paciencia: debes ser infinitamente paciente. Respira profundamente y nunca pierdas la esperanza en la ayuda de Dios. No le prestes ninguna atención a los obstáculos ni a las distracciones.

[8] Esto explica el comentario de los sabios sobre el atributo de la paciencia de Dios (Éxodo 34:6). El término hebreo para ello es *erej apaim*, una forma en plural que sugiere al menos dos clases de paciencia. Es así que los sabios dijeron, Dios muestra "paciencia con el recto y paciencia con el malvado" (*Baba Kama* 50a).

¿Por qué los rectos, los Tzadikim, necesitan esta cualidad de la paciencia? Porque para ellos la amenaza de la mentalidad vieja del Otro Lado consiste en acostumbrarse a sus devociones. Ellos deben renovarse constantemente y empezar nuevamente cada día, agregando más santidad sin cejar en ello. No deben permitir que nada los distraiga y los aparte de su sendero. A veces la gente que sirve a Dios se cansa debido a todo el sufrimiento que debe atravesar, y esto puede empujarlos hacia la debilidad y la vejez. Es por esto que los Tzadikim necesitan la cualidad de la paciencia todos los días de su vida, para poder soportar el peso de los esfuerzos que esto implica y comenzar constantemente de nuevo.

Por otro lado, Dios muestra "paciencia con el malvado" en el sentido de que lo deja tranquilo durante toda su vida con la esperanza de que algún día se arrepienta. "Hasta el día de su muerte Tú lo esperas en caso de que se arrepienta" (liturgia de *Iom Kipur*). Dado que los malvados tienen su oportunidad para arrepentirse, también ellos necesitan esta cualidad de la paciencia para que su propio mal no les impida volver a Dios. La persona que ha hecho mal nunca debe dejar que la desalienten los pensamientos depresivos por haber cometido todos sus pecados, o por el hecho de haber tratado de cambiar en el pasado sólo para caer una y otra vez. Aun así debe confiar en la gran bondad de Dios, soportando pacientemente todo lo que deba atravesar. Deberá hacer grandes esfuerzos para comenzar de nuevo en todo momento y nunca pensar de sí mismo como si fuera un viejo y endurecido pecador. Es posible que esta vez *sí* pueda dejar atrás sus viejos pensamientos y hábitos.

Esta constante renovación es la clave para la *Teshuvá*, el retorno a Dios. De modo que todos, tanto los Tzadikim como los pecadores, y ciertamente toda la gente que se encuentra en el medio, necesitan desarrollar esta cualidad de la paciencia.

Apego al Tzadik

[9] La fortaleza para alcanzar nuestro objetivo proviene del Mendigo Ciego, el santo anciano que es el Anciano de los Ancianos, quien alcanzó tal nivel de vejez en el sentido santo que puede decir de sí mismo: "Yo soy muy viejo, pero soy muy joven". Los Tzadikim mismos reciben de él

la fuerza que necesitan para persistir en sus devociones y renovarse constantemente en sus esfuerzos. Entonces, incluso cuando alcanzan los niveles más elevados, que sólo los maestros verdaderamente notables pueden alcanzar, aun así no están satisfechos con sus logros. Ellos dicen, "¡Quién sabe, es posible que haya mucho más!", y comienzan todo nuevamente. Así es como ellos alcanzan constantemente nuevos y asombrosos niveles de percepción.

Es la fuerza de estos Tzadikim la que les da aliento incluso a la gente que se encuentra muy abajo, que siempre esta cayendo, y las ayuda a comenzar nuevamente una y otra vez. En nuestro presente y oscuro exilio las fuerzas del mal atacan a todo aquel que quiere intentar servir a Dios. Esta gente cae una y otra vez, cada uno de acuerdo a su manera. Todos necesitan de un constante estimulo para no abandonar y perder por completo la esperanza. Esta fuerza para continuar sólo puede ser recibida de los Tzadikim, porque cuanto más enferma esté la persona, más grande será el médico que necesite (ver *Likutey Moharán* I, 30). Debido a sus incansables esfuerzos, estos Tzadikim alcanzan niveles cada vez más elevados de percepción del supremo amor de Dios, y llegan a ser capaces de comprender cómo es que Dios está constantemente diseñando maneras para ayudar incluso a los más bajos de los más bajos y asegurarse de que ninguno sea descartado.

Es su percepción del amor de Dios lo que les da a estos Tzadikim la capacidad de inspirar y de alentar incluso a aquéllos que han caído muy abajo. Ellos les enseñan a no dejar que nada los derrumbe y que deben seguir adelante con determinación, soportándolo todo, con la fe en que el Amor de Dios nunca se acaba y que siempre deben continuar, haciendo constantemente nuevos esfuerzos para acercarse a Dios lo mejor que puedan.

Estos grandes Tzadikim están constantemente comenzando de nuevo. Aún cuando alcanzan los niveles más exaltados, niveles que muchos otros Tzadikim notables nunca han alcanzado, niveles tan elevados que parecen ser el último nivel, aun así no están conformes con lo que han logrado hasta el momento. En su lugar, comienzan a pensar maneras de empezar todo otra vez, buscando niveles más elevados todavía, aunque no tienen la mínima noción de qué es lo que se encuentra más allá. Ellos dicen, "¡Quién sabe lo que habrá!".

Esto lo escuché del Rebe mismo. Cierta vez él me estaba abriendo su corazón, diciendo: "¿Cómo puede uno llegar a ser un judío?". Para mí esto era asombroso, porque poco tiempo antes él había revelado la Torá más exaltada. El Rebe me dijo, "¡Quién sabe cuánto más hay para alcanzar! Cuando comencé nunca se me ocurrió pensar siquiera en buscar las percepciones que he alcanzado hasta ahora. En este caso, ¿quién sabe lo que aún queda delante de mí?". Esta fue siempre su manera de vivir (*Sabiduría y Enseñanzas del Rabí Najmán de Breslov* #159).

Los grandes Tzadikim saben que Dios es infinito y que por lo tanto es posible que siempre haya más para alcanzar en este mundo. De modo que comienzan todo otra vez, y así es como en verdad se elevan a un nivel más alto todavía. Entonces dicen, "¡Quién sabe, puede haber más aún!", y comienzan todo otra vez.

Tzadikim como éstos les dan fuerzas a todas las personas que caen constantemente, mostrando que no existe en este mundo algo así como perder la esperanza. ¡No existe la desesperanza ni el abandonar! A veces la persona cae tan bajo que piensa que esta vez ya no volverá a levantarse. Pero, ¿quién conoce la grandeza y el amor de Dios? ¡El amor de Dios es tan grande que debe haber una manera de salir incluso de allí! Incluso si la persona cae una y otra vez, Dios no lo permita, cada pequeño esfuerzo que haga para salir, cada gemido incluso desde las profundidades más grandes del infierno, ello es algo muy amado por Dios. Nada se pierde, nunca.

Dios es infinito y Su Torá es infinita. Comparada con la grandeza de Dios, hasta la altura más elevada es como nada. Y de la misma manera en el mundo, para cada caída siempre hay algo peor. Dado que las cosas podrían estar peor, uno debe luchar denodadamente para no caer más aún. La fuerza para hacerlo proviene de los grandes Tzadikim que nunca se quedan quietos y que constantemente se remontan más alto. Así como no hay un real ascenso en el mundo, de la misma manera no hay caída de la cual no se pueda salir. Cuanto más alto se eleva el Tzadik, más comprende la bondad de Dios, ésta es la esencia de la grandeza de Dios.

En la literatura de la Torá el atributo del amor es llamado "grandeza", como explican los comentarios sobre el versículo, "Pues tuya, Dios, es la grandeza" (Crónicas I, 29:11). Es así que cuanto más se comprende la grandeza de Dios, más se comprende Su inacabable bondad y compasión. De modo que son los Tzadikim que constantemente se elevan, quienes llegan a saber que no existe en el mundo caída alguna y que no hay pérdida de la esperanza, porque comprenden que hay un nivel de amor Divino que se extiende incluso hasta aquellos que han caído en las profundidades más grandes.

Esto explica el comentario del Rebe Najmán en su enseñanza en el *Likutey Moharán* I, 30, de que uno necesita buscar al Tzadik más grande, porque cuanto más enferma esté la persona más grande es el médico que necesita. Cuanto más grande sea el Tzadik, mayor será su poder para elevar incluso a aquéllos que han caído hasta lo más bajo. Mediante la fuerza de los Tzadikim no hay caída en el mundo de la cual no te puedas levantar, si tienes fe y te acercas a ellos.

Es así que los Tzadikim, en su nivel, necesitan paciencia para continuar hacia adelante y no volverse complacientes debido a los grandes logros que han alcanzado. Deben mirar constantemente hacia adelante y luchar para llegar a niveles más elevados todavía. Por otro lado, aquellos que están abajo, incluso quienes han caído en los peores extremos del mal, mientras aún tengan el aliento de vida, mientras puedan mover un solo miembro... también deben ser pacientes. Deben esperar constantemente la ayuda de Dios, y hacer todo el esfuerzo posible para volver a comenzar. Deben saber que nada se pierde, nunca: ni un solo gesto, ni un suspiro, ni un gemido, ni siquiera un latido de anhelo en el corazón. Porque "Dios no despreciará para siempre" (Lamentaciones 3:31).

II

El Mabarta y las Retzuot

[10] Todas las ideas explicadas más arriba están expresadas en los Tefilín. Mediante la mitzvá de los Tefilín podemos atraer de los santos ancianos la conciencia expandida y la vitalidad de la cual estuvimos tratando. Ellos a su vez la reciben del Anciano Supremo, el Mendigo Ciego.

[11] El *mabarta* (literalmente el cruce o el vado) forma parte de cada *bait*, la cápsula, y por allí pasa la *retzua*, la correa. La idea subyacente al *MaABaRta* está relacionada con la idea del "vado del Iabok" (*MaAVaR Iabok* - Génesis 32:23) que tuvo que cruzar Iaacov en su camino de vuelta de la casa de Labán hacia la Tierra de Israel (*Pri Etz Jaim, Shaar haTefilín*, C.1). Comprendamos por qué.

Hemos visto cómo la conciencia expandida que viene a través de los Tefilín es atraída de la Luz del Rostro, revelada en los Trece Atributos de Misericordia, los cuales están incluidos en la cualidad de la paciencia (arriba #3 y #6). La luz desciende hacia nosotros mediante las correas, las *retzuot*, con las cuales fijamos los Tefilín a la cabeza y al brazo. Debido a esto el valor numérico de las letras hebreas de la palabra *ReTzUAH* es 370, correspondiente a las trescientas setenta radiaciones de la Luz del Rostro [estas trescientas setenta radiaciones corresponden a las Diez Sefirot. Las tres superiores: Sabiduría, Comprensión y Conocimiento se cuentan cada una con el valor de 100, de aquí 300; las siete inferiores, desde *Jesed* hasta *Maljut*, se consideran cada una como 10 y por lo tanto son igual a 70, dando un total de 370. *Shaar HaKavanot, Tefilín, Drush* 2].

Las correas son largas, aludiendo a la cualidad de la paciencia. Esta es la cualidad que nos ayuda a superar la "mala correa", que es el látigo punitorio del sufrimiento utilizado para golpear a los pecadores. Esta "mala correa" es la fuente de todos los juicios severos y del sufrimiento en el mundo. A través de las largas correas de las *retzuot*, que conectan con la Luz del Rostro, hacemos descender sobre nosotros la cualidad de la paciencia, la conciencia expandida asociada con los Tefilín. Esto nos ayuda a superar todas las dificultades y problemas que podamos tener en nuestra vida, endulzando el dolor, de modo que nada pueda interferir con nuestros esfuerzos por acercarnos a Dios.

La paciencia significa respirar lenta y profundamente, no importa lo que debamos enfrentar, manteniéndonos calmos incluso frente al dolor, la dificultad y los obstáculos. Nosotros debemos hacer nuestra parte: en lugar de dejar que las dificultades nos aparten del camino, debemos continuar trabajando en la Torá y en la devoción con lo mejor de nuestras capacidades, hasta que eventualmente superemos todos nuestros problemas. Si nos negamos a tomar en serio nuestras dificultades, finalmente y de manera automática perderán su poder para preocuparnos. Esto es porque la única razón por la cual nos son enviados el sufrimiento y los obstáculos es, en primer lugar, para probarnos. Si nos mantenemos firmes, respiramos profundamente y no les prestamos atención, ¡superamos la prueba! Es por esto que las largas *retzuot* anulan el poder de la "mala correa" que es la fuente de todo el sufrimiento en el mundo, y de esta manera hacen que todo se vuelva más dulce.

El motivo por el cual el *mabarta* está asociado con el concepto del *maavar Iabok*, el "vado del Iabok", es que las letras de *IaBoK* tienen el mismo valor numérico (112) que la suma de las letras de los dos nombres de Dios, *IHVH* (26) y *ELOHIM* (86). El nombre *IHVH* alude al atributo de la bondad de Dios, mientras que *ELOHIM* alude al atributo de la justicia estricta de Dios. El rey David juntó los dos lados en una unidad cuando dijo, "Cuando Él es *IHVH* yo alabo su palabra, cuando Él es *ELOHIM* yo alabo su palabra" (Salmos 56:11). Debemos alabar y reconocer a Dios, acercándonos a Él en todo momento, así sea que estemos arriba o abajo, así sea que las cosas estén bien, fluyendo desde el atributo de la bondad, o aparentemente mal, fluyendo del atributo de la estricta justicia (ver *Likutey Moharán* I, 33).

Debemos ser diestros (hebreo: *BaKI*) en nuestro viaje espiritual. La pericia que necesitamos es la capacidad de unir los dos lados. El Rebe Najmán enseña así que todo aquel que desea retornar a Dios tiene que ser diestro en todas las etapas del viaje espiritual, así ascienda o descienda. La pericia es encontrar a Dios en todas las situaciones. "Si asciendo al cielo, Tú estás allí; y si hago mi lecho en el infierno, aquí estás Tú" (Salmos 139:8). Debemos ocuparnos de acercarnos a Dios en todo momento y en todo lugar, tanto si sentimos que estamos avanzando como si nos vemos caer. Incluso aquel que ha caído al pozo más profundo del infierno aún puede acercarse a Dios (*Likutey Moharán* I, 6).

La idea subyacente aquí es exactamente la misma que la de la paciencia, que hemos estado tratando más arriba. Respira profundamente siempre, en todo momento, sin importar la situación en la cual te encuentres, sin dejar que nada en el mundo te arroje hacia abajo, comenzando constantemente de nuevo en tus esfuerzos para acercarte a

Dios, sin flaquear. Incluso si te elevas a niveles muy grande, aún debes saber que Dios está en el Cielo. A veces puedes pensar que te has elevado tan alto que *estás* en el Cielo. Pero aún debes comenzar todo nuevamente y buscar a Dios, porque es fácilmente peligroso volverse complaciente.

Todas estas ideas están aludidas en el *mabarta* y en la idea asociada del *maavar Iabok* del "vado del Iabok". Las letras de *IaBoK* son exactamente las mismas que las que componen la palabra para diestro, *BaKI* (ver *Likutey Moharán* 1, 6 final). Además, las letras de *IaBoK* tienen el mismo valor numérico que las letras de los dos nombres de Dios *IHVH* y *ELOHIM*, tal como hemos visto. Al unir los dos nombres tenemos la idea expresada en el versículo "Cuando Él es *IHVH* yo alabo su palabra, cuando Él es *ELOHIM* yo alabo su palabra" (Salmos 56:11), que debemos reconocer a Dios y tratar de acercarnos a Él en todo momento, así sea que experimentemos Su cualidad del amor o la de la justicia estricta, así nos elevemos o hayamos caído. Al servir a Dios debemos ser pacientes y persistentes todo el tiempo, sin dejar que nada nos arroje hacia abajo o nos distraiga, sin cansarnos ni perder el entusiasmo.

La palabra *mabarta* significa literalmente el lugar para cruzar: por medio de las largas *retzuot* de los Tefilín, que pasan a través del *mabarta*, nosotros sorteamos y conquistamos todo el sufrimiento, los obstáculos y las distracciones que provienen de la mala correa. Nada puede enfrentarse al camino de la paciencia.

Cuando Dios le reveló a Moisés Sus Trece Atributos de Misericordia, está escrito que "Dios *pasó* ante él" (Éxodo 34:6). Este concepto de pasar es el concepto del *mabarta*, significando un cruce. Porque cuando Dios pasó, Él le reveló a Moisés los Trece Atributos de Misericordia. Fue entonces que "Moisés se apuró e inclinó su cabeza hacia la tierra" (*Ibid.* v.8). Como mencionamos anteriormente, los sabios comentaron que Moisés entonces comprendió la cualidad de la paciencia, el concepto de los Tefilín, a través del cual podemos superarlo todo, para acercarnos a Dios. Nuevamente aquí tenemos la idea del *mabarta*, Dios "*pasó*".

En el mismo pasaje está escrito: "Yo haré que todo Mi bien pase delante de ti..." (*Ibid.* 33:19). "... y tú Me verás por atrás" (v. 23). Los sabios afirmaron que "por atrás" alude al nudo, el *kesher*, en las *retzuot* de los Tefilín de la Cabeza (*Berajot* 7), porque los Tefilín están enraizados en los Trece Atributos de la Misericordia de Dios que entonces fueron revelados.

Las *Parashiot* – La Fe

[12] Para llegar a la paciencia es necesaria la fe, la *Emuná*. La fe corresponde a la misma idea que Eretz Israel, la Tierra de Israel (ver *Likutey Moharán* I, 155). Las cuatro *parashiot* de los Tefilín, los trozos de pergamino inscritos con los pasajes de la Torá, están todas relacionadas con la fe y Eretz Israel. Es así que el tema principal de las primeras dos *parashiot* (Éxodo 13:1-10; *Ibid.* 11-16) es el Éxodo de Egipto y la entrada a la Tierra de Israel. La primera *parashá* dice, "Acuérdense de este día en que salieron de la esclavitud en Egipto..." (Éxodo 13:3), y "Cuando Dios te conduzca a la tierra..." (*Ibid.* 5). Y las primeras palabras de la segunda *parashá* son: "Será cuando Dios te conduzca a la tierra..." (*Ibid.* 11).

Esto se debe a que la cualidad de la paciencia, que es

la idea esencial de los Tefilín, se logra a través de Eretz Israel, que es lo opuesto de Egipto. Este país estaba lleno de cultos idólatras, la negación de la fe. Es por esto que, cuando los hijos de Israel estaban en el exilio en Egipto, "no escucharon a Moisés debido a la *impaciencia* de su espíritu" (Éxodo 6:9). Ellos no podían acercarse al Tzadik, a Moisés, debido a su impaciencia, lo opuesto de la paciencia que necesitamos para acercarnos a Dios y a los Tzadikim.

Para llegar a la paciencia es necesaria la fe, y éste es el tema de las dos últimas *parashiot* de los Tefilín, que son el primero y el segundo párrafo del *Shemá* (Deuteronomio 6:4-9 y 11:13-21). El *Shemá* es la declaración de nuestra fe en la unidad de Dios. El segundo párrafo, "Si obedecen..." también habla sobre aceptar el yugo de las mitzvot y el rechazo a la idolatría. Esta está asociada con la "ira", lo opuesto de la paciencia. Así está escrito allí, "Cuídense, no sea que su corazón se tiente y se descarríen y adoren a dioses pues la *ira* de Dios será contra ustedes..." (Deuteronomio 11, 16-17).

Todo el propósito del Éxodo de Egipto, el lugar de la idolatría y de la ira, era llevar a los hijos de Israel hacia la Tierra de Israel, el lugar de la fe y de la paciencia. Así vemos que las cuatro *parashiot* de los Tefilín están relacionadas con la fe y la paciencia, los temas esenciales de los Tefilín. Es por esto que la conclusión de la última *parashá* habla sobre una larga vida: "para que tus días se multipliquen y los días de tus hijos..." (*Ibid.* v.21). La paciencia que alcanzamos mediante los Tefilín nos da una larga vida, porque la base de toda la vida es el aliento, el inspirar profundo de la paciencia, tal como vimos más arriba. Y así dijeron los sabios: "La vida de las personas coléricas no es vida en absoluto" (*Pesajim* 113). La ira es lo opuesto de la paciencia, y dado que la paciencia es la base de una larga vida, una persona colérica no tiene vida.

[13] Y el motivo por el cual ajustamos los Tefilín del Brazo sobre el brazo *izquierdo* es porque éste es el brazo débil. El propósito de los Tefilín es contrarrestar esto con la paciencia y así conquistarlo todo.

La Santidad del Primogénito

[15] La primera *parashá* de los Tefilín abre con el mandamientos de santificar al primogénito: "Dios le habló a Moisés y dijo: Conságrenme todo primogénito. Todo hijo mayor de los hijos de Israel..." (Éxodo 13:2).

Toda la idea de los Tefilín está íntimamente asociada con la santidad del primogénito, que a su vez está asociado con el Éxodo de Egipto. El éxodo mismo fue en verdad un nacimiento, el nacimiento de todo el pueblo judío, el primogénito. Es debido al Éxodo que se nos ordena santificar al primogénito, como encontramos en la segunda *parashá*: "Y fue cuando el faraón se puso terco y no nos permitió salir, que Dios mató a todo primogénito en la tierra de Egipto... por eso mismo le ofrendamos a Dios todos los primogénitos" (*Ibid.* 15). Todo esto es para producir el nacimiento de la conciencia expandida en nosotros, éste es el verdadero nacimiento: renovar constantemente nuestra energía vital y nuestros poderes espirituales como si hoy hubiéramos nacido. Esta es la esencia de una larga vida, la idea subyacente de los Tefilín.

El motivo por el cual se le da el primogénito al sacerdote (*cohen*) o es redimido de él, se debe a que el sacerdote representa al Anciano Santo. Así el Salmo habla del "precioso aceite sobre la cabeza, descendiendo por la barba, por la barba de Aarón..." (Salmos 133:2). Aarón era el sumo sacerdote. Su barba (hebreo: *ZaKaN*) alude al Santo Anciano (hebreo: *ZaKeN*). (Con respecto al aceite, está escrito: "Que no falte el aceite sobre tu cabeza" (Eclesiastés 9:8). Sobre esto comentaron los sabios, "Esto se refiere a los Tefilín de la Cabeza" (*Shabat* 151). Esto es porque la luz interior de los Tefilín proviene del "precioso aceite sobre la cabeza, descendiendo por la barba, la barba de Aarón"). Al entregar el primogénito al sacerdote, que representa al Anciano Santo, iniciamos el nacimiento de la conciencia expandida para renovar nuestra energía, como si hubiéramos nacido hoy, la idea de los Tefilín. Esto es porque todo el poder de la renovación y de la larga vida proviene del Santo Anciano quien dijo que era muy anciano pero que aun así no había comenzado a vivir, como si hubiera nacido hoy.

Éste es el concepto del Mashíaj. De él está escrito: "*Hoy* te he dado nacimiento" (Salmos 2:7). Mashíaj alcanzará esta vitalidad a la perfección, comenzando constantemente de nuevo, como si hubiera nacido hoy. Porque Mashíaj trasciende el tiempo (ver *Likutey Moharán* II, 62). De manera similar el alarde del Mendigo Ciego al decir que para él el mundo no valía ni un parpadeo, es el concepto de más allá del tiempo. Esta es la larga vida que alcanzará Mashíaj: "Él Te pidió *vida* y Tú se la has dado" (Salmos 21:5).

El rey David y el Mashíaj son uno. Es por esto que decimos del rey David, "*David melej Israel jai vekaiam* – David, el rey de Israel, está vivo y perdura". Esto conecta con la enseñanza de que la fuente del reinado del Mashíaj son los Tefilín, específicamente el nudo de los Tefilín (ver

Likutey Moharán I, 54). Está escrito sobre el rey David, el Mashíaj: "El alma de mi señor estará unida en el lazo de la vida" (Samuel I, 25:29). Este lazo es el nudo de los Tefilín, que son vida.

El largo de las *retzuot*

[16] Los dos extremos de las *retzuot* de los Tefilín de la Cabeza cuelgan frente al pecho: la *retzua* del lado del brazo derecho debe alcanzar al menos hasta el ombligo, y la de la izquierda hasta el pecho mismo. (Algunos dicen que sobre el lado derecho la *retzua* debe alcanzar hasta el sitio de la circuncisión y a la izquierda hasta el ombligo. Ver *Shuljan Aruj, Oraj Jaim* 27:11).

¿Por qué el ombligo? Hemos visto que la santidad de los Tefilín deriva de aquellos ancianos que alcanzaron tal nivel de pureza que podían recordar lo que les sucedió incluso en el momento del proceso del nacimiento, cuando cortaron el cordón umbilical. El corte del cordón umbilical marca la finalización del proceso del nacimiento, y el nacimiento, la renovación, es la idea principal de los Tefilín. El nacimiento está mencionado en la primera de las *parashiot*, que dice: "Conságrame todo primogénito. Todo hijo mayor de los hijos de Israel que abre la matriz".

Está escrito sobre el Éxodo de Egipto: "En cuanto a tu nacimiento, en el día de tu nacimiento tu cordón umbilical no estaba cortado" (Ezequiel 16:4). En otras palabras, antes que los hijos de Israel salieran de Egipto eran como el embrión aún en el vientre de la madre, cuyo cordón aún no ha sido cortado. Los Tefilín expresan la idea del Éxodo de Egipto, la finalización del proceso del nacimiento marcada por el corte del cordón umbilical.

Aún cuando los otros ancianos podían recordar mucho más atrás, no es posible revelar afuera la santidad que alcanzaron. Lo único que puede ser revelado afuera es el nivel logrado por el primer anciano, quien recordaba haber nacido, el corte del cordón umbilical, tal como está aludido en la *retzua* que llega hasta el ombligo. ¡Si al menos pudiéramos alcanzar el nivel de este anciano! Pero los niveles de conciencia alcanzados por los otros santos ancianos no son revelados afuera en absoluto: su luz está completamente oculta en las *parashiot*, que están guardadas dentro de las *batim*. Sólo podemos tomar de su santidad de una forma oculta, porque la santidad de sus niveles de memoria se encuentran muy por encima de nosotros.

[17] La *retzua* del lado izquierdo debe alcanzar al menos hasta el pecho. Este es el lugar donde se encuentra el corazón.

Hemos visto cómo la *retzua* es la luz que tomamos del atributo divino de la paciencia. Debemos llevarla directamente hacia nuestros corazones hasta quedar imbuidos con la paciencia y conquistado nuestra ira tan totalmente que nunca nos ofenderemos por nada, ni siquiera en nuestro corazón.

Esa es la verdadera paciencia, tal como el Rebe comentó de sí mismo luego de su viaje a Eretz Israel. Dijo que en Israel había alcanzado tal nivel de ecuanimidad y de paciencia que incluso en su corazón ya no albergaba la mínima ira ni siquiera contra su peor enemigo, pese a todo el sufrimiento que le había causado. El Rebe no tenía ningún sentimiento negativo contra él (*Shevajey HaRan* #22). Esta es la verdadera paciencia y la longanimidad, y es por esto que la *retzua* tiene que alcanzar el corazón: para que podamos llevar esta paciencia hasta el corazón, al punto en que nada tenga poder para enojarnos.

III

David, Rey de Israel, ¡Vive!

[18] En el Cantar de los Cantares, Dios le dice a la Asamblea de Israel: "Tu ombligo es como una copa redonda, como la luna, en donde no falta el vino" (Cantar de los Cantares 7:3). Los sabios interpretaron esto como una referencia al Sanedrín, cuyos setenta miembros se sentaban en un círculo, como la luna (*Sanedrín* 37).

La *retzua* de los Tefilín de la Cabeza va desde el nudo de atrás de la cabeza hasta el ombligo. El nudo, en la forma de la letra hebrea *Dalet*, alude al reinado del rey David, el Mashíaj, quien está "vivo y perdura". La *retzua* se extiende desde este nudo hasta el ombligo, es decir el Sanedrín. Sus setenta miembros corresponden a los setenta rostros de la Torá. El rey David se sentaba a la cabeza del Sanedrín (ver Rashi sobre Samuel I, 23:8). Los setenta miembros del Sanedrín, y los setenta rostros de la Torá, reciben de David, el Mashíaj, quien a su vez recibe su vitalidad de los Ancianos Santos de la historia del Mendigo Ciego, quienes representan los diversos aspectos de la Barba Santa. El rey David vivió setenta años. Además, durmió muy poco: el rey David "nunca dormía más de sesenta respiraciones, para no sentir el gusto de la muerte" (*Suká* 26), porque dormir es la sesentava parte de la muerte (*Berajot* 57b).

La muerte llegó al mundo debido al pecado de Adán cuando comió del fruto del Árbol del Conocimiento del Bien y del Mal. Al hacerlo se separó del Árbol de Vida, y el Árbol de Vida *es* los Tefilín. Hemos visto que los Tefilín son *vida*, y de manera similar está escrito sobre el Árbol de Vida: "en caso que coma y *viva* para siempre" (Génesis

3:22). Porque debido al pecado de Adán la muerte fue decretada sobre él y sobre toda su descendencia.

Sin embargo, ahora que el pecado ha sido cometido, el sueño y la muerte son en verdad muy beneficiosos. Si Adán no hubiera pecado, habría alcanzado la *real* larga vida, la vida eterna, aún encarnado en su cuerpo. Incluso en su cuerpo físico habría sido capaz de unirse eternamente en el Infinito, renovando constantemente su vitalidad como el Anciano Superno, el Mendigo Ciego, quien tenía realmente una larga vida y siempre era viejo y siempre era joven. Sin embargo debido al pecado de Adán, el veneno de la serpiente se adueñó de su cuerpo, y como resultado le fue imposible vivir eternamente en su cuerpo. La única manera para alcanzar la vida eterna era la muerte.

La muerte es por lo tanto un gran beneficio, tal como han comentado los sabios sobre las palabras: "Y Dios vio todo lo que Él había hecho, y he aquí que era *muy* bueno" (Génesis 1:31). "'*Muy* bueno' hace referencia a la muerte" (*Bereshit Rabah* 9). Porque mediante la muerte, que es en sí misma un "dormir", la mente y el alma se renuevan, y el cuerpo también se purifica, renovando sus poderes vitales. Uno podrá entonces levantarse en el tiempo de la resurrección con un cuerpo puro y traslucido, un cuerpo limpio y purificado del veneno de la serpiente. Uno podrá entonces recibir nuevos poderes del alma y nuevos niveles de conciencia a partir del Árbol de Vida, de los Tefilín.

Así es como seremos capaces de vivir para siempre, agregando constantemente nueva vida y una nueva vitalidad. La vida eterna no puede significar un placer perpetuo, porque el placer que es permanente no es placer. Una vida de tal "placer" no puede ser realmente llamada vida. La larga vida en el verdadero sentido del término es cuando uno está constantemente viviendo una nueva vida. Esta es la larga vida, la vida eterna que será otorgada en el tiempo que viene, luego de la resurrección de los muertos.

[19] Incluso en este mundo los Tzadikim que realmente sirven a Dios pueden experimentar esta vida eterna a través de la Torá, de la plegaria y de las buenas acciones. Todo su objetivo es renovarse constantemente agregando más santidad y alcanzando nuevos niveles de conciencia y de vitalidad. Sin embargo, en este mundo es imposible vivir esta larga vida sin un corte. De manera inevitable, la mente se cansa y uno se ve forzado a dormir. Y dormir es en verdad muy beneficioso. Abandonando la mente consciente y durmiendo un poco, la mente se relaja y retorna renovada en la mañana, de este modo uno comienza a vivir de nuevo.

Esto nos ayudará a comprender por qué nos colocamos los Tefilín a la mañana luego de haber dormido. En las enseñanzas de la Kabalá sobre el significado interno y las intenciones de los Tefilín, encontramos que mediante el irse a dormir durante la primera parte de la noche y levantándose a medianoche para dedicarse a la Torá, las luces de los Tefilín brillan por la mañana. Estas "luces" son los resabios de la conciencia de ayer, renovada durante el sueño. Entonces, en la mañana, estas "luces" brillan plenamente y recibimos, en el momento de la plegaria de la mañana, un nuevo estado de conciencia expandida (*Pri Etz Jaim, Shaar HaTefilín*, C.1). En las páginas siguientes trataremos estas ideas con más profundidad.

Si examinas la sección sobre los Tefilín en el *Etz Jaim*, verás que todas las enseñanzas allí presentadas han sido introducidas en la presente discusión de manera tal que todos, en cada nivel y en cada lugar y tiempo, podrán siempre encontrar nueva inspiración y nuevas maneras en el servicio a Dios. Incluso la gente más hundida será capaz de recordar la presencia de Dios y Su amor, sin importar en qué situación se encuentre. Esto ha sido tratado más arriba, pero "Dale sabiduría al sabio y se hará más sabio aún" (Proverbios 9:9). No es posible explicarlo todo por escrito. Sin embargo con un poco de sentido, aquél que realmente quiere la verdad, y se ocupa lo suficiente de no engañarse a sí mismo, será capaz de recibir un beneficio eterno de estas palabras.

La Luna: Renovación

En nuestro estado presente, entonces, no es posible vivir una vida de constante renovación a no ser mediante el dormir. Pero los Tzadikim duermen muy poco, lo suficiente como para refrescar sus mentes. Es por esto que "David nunca durmió más de sesenta respiraciones", porque él vivió esta vida de constante renovación y por lo tanto no durmió más que lo mínimo necesario para una larga vida.

El reinado de David es comparado con la luna, que se renueva cada mes, constantemente. Y la Asamblea de Israel, las almas del pueblo judío en su totalidad, también es comparada con la luna. La Asamblea de Israel corresponde en verdad a la misma idea que la del reinado de David: el rey David gobierna sobre todas las almas. Así como la luna se renueva constantemente, de la misma manera la Asamblea de Israel debe renovar constantemente su servicio, en todo momento, para alcanzar la renovación destinada en el futuro y vivir una verdadera larga vida.

Es así que en la bendición para santificar la luna, que

recitamos al ver la luna nueva unos pocos días después del comienzo de cada mes, decimos: "A la luna Él le dijo que se renovara como una corona de gloria para aquellos que fueron sustentados desde el vientre [es decir, el pueblo judío]. Ellos están destinados a renovarse como ella, y a glorificar a su Creador...". Seguimos la bendición con las palabras "David, Rey de Israel, vive y perdura" (*Oraj Jaim* 426:2).

El calendario judío sigue a la luna (ver *Julín* 60a), una alusión a que debemos renovarnos constantemente y vivir una nueva vida en el servicio a Dios, cada día y a cada momento. Nunca envejeceremos incluso en mil años, porque "mil años a Tus ojos son como el día de ayer" (Salmos 90:4). Para nosotros, cada día es nuevo, porque medimos nuestros días por la luna. Cada mes la luna se renueva. La palabra hebrea para mes es *JoDeSh*, de la raíz *JaDaSh* que significa nuevo. Al comienzo de cada mes tenemos el *Rosh Jodesh*, literalmente la Cabeza de lo Nuevo, que significa la constante renovación del tiempo. Entonces numeramos todos los días del mes desde la Luna Nueva: el segundo de *Jodesh*, el tercero de *Jodesh*, y así en más. Cuando llegamos al final del mes, comenzamos un nuevo mes. Y así continuamos. Medimos todos nuestros días a partir de la Luna Nueva: ¡la renovación! Todos los días del pueblo judío, del Pueblo Santo son por lo tanto nuevos y siempre plenos de vitalidad. Y todo esto porque hemos recibido la Torá, la fuente de la vida eterna: "Pues ésta es tu vida" (Deuteronomio 30:20).

[20] Los Tefilín incorporan todos estos conceptos. El nudo de los Tefilín de la Cabeza está unido al reinado del rey David. Desde el nudo, la *retzua* desciende hasta el ombligo.

Aquí es donde comienza la vida. Sólo luego del corte del cordón umbilical el niño comienza una nueva vida como una persona independiente, luego de dejar el vientre materno. La luz de los Tefilín hecha descender a través de las *retzuot* proviene del anciano que recordaba el corte del cordón. Él es el canal de la energía que necesitamos para renovar constantemente nuestras vidas, como si hubiéramos nacido hoy y el cordón umbilical hubiera sido cortado precisamente ahora.

"Los días de nuestros años son setenta años" (Salmos 90:10). Toda nuestra vida se sintetiza en estos setenta años. El rey David vivió setenta años, correspondiendo a los setenta rostros de la Torá. Los setenta rostros (que son la vitalidad de los setenta años), derivan de los Ancianos Santos, tal como hemos visto, y el brillo de todos ellos es hecho descender hacia nosotros por el Anciano más pequeño de todos, quien recordaba el corte del cordón umbilical. Las percepciones de los otros ancianos, que son mucho más exaltadas, no pueden ser reveladas afuera.

"Tu ombligo es como una copa redonda..." (Cantar de los Cantares 7:3), redonda como la luna, que se renueva constantemente. Esta es una alusión a los setenta miembros del Sanedrín, correspondientes a los setenta rostros de la Torá y a los setenta años de vida que recibimos de los Ancianos Santos a través del uso de los Tefilín. Su vitalidad es canalizada hacia nosotros a través de la *retzua*, que se extiende hasta el ombligo. Con esta vitalidad podemos renovarnos constantemente a lo largo de los setenta años de nuestra vida.

Aquel que no vive esta vida de constante renovación no vivirá los setenta años completos en el verdadero sentido de la palabra "vivir". Estar vivo significa realmente servir a

Dios, "porque ésta es tu vida" (Deuteronomio 30:20). Aquel que no agrega santidad y sabiduría cada día de su vida sólo tendrá una vida corta. Aunque viva setenta años físicamente, ¡quién sabe si todos los setenta lleguen a sumar un solo día de verdadera vida! Es por esto que los malvados, que no guardan la Torá en absoluto, son llamados muertos incluso durante su vida. Ellos realmente están muertos, porque no están cumpliendo con la Torá, que es la fuente de la verdadera vida, porque "ésta es tu vida". Cuando alguien sirve a Dios un poco, sólo sus pocas buenas acciones y actos de devoción suman como días de su vida. Es posible que toda su vida sólo sume un solo día. La vida verdadera es la vida del rey David, quien vivió setenta años plenos, con una nueva vida a cada momento.

El Gran Giro

[21] Porque en verdad David no tenía vida en absoluto. Él era demasiado puro para este mundo. Se suponía que debía haber nacido muerto, y así habría sido de no ser por Adán que le dio setenta años de su propia vida (*Zohar* I, 55a), y así fue como David llegó al mundo. La vida de Adán proviene de *Arij Anpin*, el "Rostro Largo", éste es el término para la Voluntad Divina unitaria que es la fuente de todos los detalles de la Creación. *Arij Anpin*, que está identificado con el Atributo Divino de la paciencia que hemos estado tratando más arriba, es la fuente del tiempo creado y de la vitalidad santa. Esta es la fuente de la vida del rey David.

Para David, todo fue dado vuelta, para bien. Al comienzo él no tenía vida en absoluto: se suponía que debía haber nacido muerto. Entonces recibió setenta años de la vida de Adán, y vivió todos esos setenta años como si nunca hubiera vivido en absoluto, como si hubiera nacido hoy. Era como en niño abortado en cada momento de su vida. El niño abortado no tiene vida y tiene que recibir una nueva vida mediante la bondad de Dios. Así fue como David vivió todos sus setenta años, luchando incansablemente para agregar más a su sabiduría y santidad. Como resultado, alcanzó una larga vida para todos los tiempos, porque "David, Rey de Israel, vive y perdura".

Esta es la vida que recibimos de los Tefilín. La palabra *TeFiLiN* proviene de la misma raíz que *veNiFLiNu* en el versículo "Nosotros *nos distinguiremos*, yo y Tu pueblo, de todos los pueblos que están sobre la faz de la tierra" (Éxodo 33:16). Moisés dijo esto en el momento en que Dios reveló los Trece Atributos de Misericordia, en los cuales están enraizados los Tefilín. Fue entonces que Él le dijo a Moisés, "y Me verás por atrás", que explicaron los sabios como una referencia al nudo de los Tefilín (*Berajot* 7). Aquí es donde está enraizada el alma del rey David, del Mashíaj. Se suponía que debía haber sido un niño abortado, en hebreo esto un *NeFeL*. Pero las cosas fueron dadas vuelta y él tuvo constantemente una nueva vida, tal como si hubiera nacido el día de hoy.

"Nos distinguiremos, yo y Tu pueblo", porque las cosas fueron dadas vuelta. A partir de *NeFel*, un niño abortado, se produjo *veNiFLinu*, "nos distinguiremos", el concepto de los Tefilín, cuya idea subyacente es la larga vida del rey David. Y Mashíaj mismo es llamado "*Bar NiFLei*", un niño abortado, porque Mashíaj también tendrá esta larga vida, porque "Yo te he dado nacimiento hoy" (Salmos 2:7).

Dios sostiene a quienes caen

[22] "Dios sostiene a quienes caen (*haNoFLim*) y levanta a los oprimidos" (Salmos 145:14). "A quienes caen" son aquellos que caen del servicio a Dios. Él los sostiene y los despierta de su sueño a través de los Tzadikim de cada generación. Estos Tzadikim son la personificación de David-Mashíaj, quien pudo transformar el *NeFeL*, el niño abortivo, en uno con una larga vida, comenzando siempre a vivir de nuevo, la idea de los Tefilín. Los Tzadikim les dan vida y fortaleza a todos aquellos que han caído espiritualmente, salvándolos de la desmoralización y la desesperación, y ayudándolos a retornar a Dios. Transformando entonces su caída en un gran ascenso. Esta es en verdad la causa por la cual la gente es hecha caer en primera instancia, para permitirles comenzar totalmente de nuevo.

Así, sostener a aquéllos que han caído y evitar que se hundan en la desesperación es, en sí mismo, el concepto de David-Mashíaj, para quien el aborto se transformó en una larga vida. La caída misma se transforma en un gran ascenso. El Rebe Najmán explica que cuando la persona cae de su nivel en el servicio a Dios, esto es algo enviado por el Cielo. El aparente rechazo es la primera etapa para traerla más cerca. El propósito de la caída es despertar a la persona y llevarla a realizar mayores esfuerzos para acercarse a Dios. Debe comenzar a servir a Dios nuevamente, como si nunca lo hubiera hecho. Este es un principio fundamental en el servicio a Dios. Literalmente debemos comenzar de nuevo cada día (*Likutey Moharán* I, 261).

La redención del pueblo judío como un todo llegará a través de David-Mashíaj, ¡rápido y en nuestros días!

Entonces toda la Asamblea de Israel se levantará de su caída. Preguntaron los sabios (*Berajot* 4) por qué, en el Salmo de *Ashrei*, el rey David incluyó versículos que comienzan con cada letra del alfabeto hebreo excepto la letra *Nun*. Respondieron que él no quería incluir el versículo que se refiere a la caída de Israel, "*NoFLoh*, ella ha caído, la joven de Israel, y no volverá a levantarse" (Amos 5:2). Sin embargo, continuaron diciendo, a través de su espíritu profético, David previó que este severo juicio terminaría por ser impuesto. De modo que aunque dejó fuera el versículo que comienza con *Nun*, él endulzó este mismo juicio en el versículo que viene inmediatamente después de donde debería haber estado el versículo faltante. El versículo que comienza con la siguiente letra del alfabeto hebreo, *Samej*, es: "*Somej*, Dios *sostiene* a quienes caen (*haNoFLim*)...".

La "caída" de la Asamblea de Israel es su caída del servicio a Dios. Para que la redención tenga lugar, el pueblo judío debe arrepentirse (*Ioma* 86b). Es por esto que el rey David es el sostén más importante del pueblo judío en su caída. Al vivir la clase de larga vida que él tenía, poseía el poder de vitalizar, fortalecer y sostener a todos los caídos y evitar que se hundan en la depresión, mostrándoles que Dios está con ellos y cerca de ellos. Así, "No te regocijes sobre mí, mi enemigo: aunque he caído, me levantaré; aunque esté sentado en la oscuridad, Dios es mi luz" (Micá 7:8). La caída se transforma en el ascenso final.

IV

Los Tefilín de la Cabeza y del Brazo

[25] Cuando nos colocamos los Tefilín por la mañana, comenzamos con los Tefilín del Brazo y luego nos colocamos los Tefilín de la Cabeza. Ahora examinaremos el significado del orden en el cual se colocan los Tefilín. Lo haremos explorando la relación entre el Tzadik y el pueblo judío, pues el Tzadik es un paralelo de los Tefilín de la Cabeza y el pueblo judío de los Tefilín del Brazo.

Dos de los conceptos más importantes de esta sección son Zeir Anpin, *literalmente "El Rostro Pequeño", y* Maljut, *el reinado o la soberanía.* Zeir Anpin *está compuesto por las seis sefirot:* Jesed, Guevurá, Tiferet, Netzaj, Hod *y* Iesod. *Junto con* Maljut *conforma las siete* sefirot *inferiores, siendo* Maljut *la de más abajo. La sefirá de* Daat *se encuentra por arriba de* Zeir Anpin, *e irradia en él.* Zeir Anpin *irradia entonces hacia* Maljut. *(*Daat *mismo, el conocimiento y la comprensión del poder Divino, comprende a veces* Jojmá *y* Biná *y otras a* Jesed *y* Guevurá*)*.

Maljut, *la más baja de todas las* sefirot, *les revela a todos los mundos creados el poder de Dios, en todos sus detalles.* Maljut *se caracteriza como el aspecto "femenino", recibiendo el poder Divino irradiado de las* sefirot *de más arriba. Las* sefirot *superiores brillan hacia* Maljut *en una completa unidad, y esto es lo que se conoce como* Zeir Anpin. Zeir Anpin *está caracterizado como el aspecto "masculino".* Maljut *está asociado con* Emuná, *la fe en el poder de Dios sobre toda la creación. También está asociado con* Kneset Israel, *la Asamblea de Israel (es decir, el pueblo judío, quien cree en Dios), y con los Tefilín del Brazo.* Zeir Anpin *está asociado con* Daat, *el conocimiento y la comprensión del poder Divino, que se encuentra en un nivel más elevado que la fe.* Zeir Anpin *también está asociado con el* Tzadik, *quien irradia el conocimiento de Dios hacia el pueblo judío, y con los Tefilín de la Cabeza.*

Ya hemos mencionado (#18 arriba) que la luz de los Tefilín es hecha descender al irse a dormir por la noche y al levantarse a media noche para lamentarse por la destrucción del Templo y estudiar Torá hasta el momento de las plegarias de la mañana. Examinemos estas ideas con más detalle.

Cuando vamos a dormir, le confiamos a Dios, con absoluta fe, nuestra mente y nuestra alma, y ellas nos son devueltas, renovadas, al despertar. Mediante la fe en Dios podemos ver el poder del reinado de Dios, por lo cual la fe se identifica con *Maljut*. Cada noche *Maljut*, la revelación de la Divinidad, desciende a los mundos inferiores para seleccionar y elevar las chispas santas que se encuentran atrapadas entre las fuerzas que ocultan la Divinidad. Estas chispas son las almas santas que han caído debido a sus pecados. Mediante el descenso de *Maljut*, estas almas reciben una revelación de la presencia de Dios: les llegan pensamientos de *Teshuvá*, de arrepentimiento, para hacerlos retornar a Dios.

En el lenguaje figurativo de la Kabalá, al levantarse a medianoche para lamentarse por la destrucción del Templo y estudiar Torá, los Tzadikim elevan a *Maljut* hasta que ella sube con la luz del día y se sienta en el brazo izquierdo, que es su lugar apropiado. (Los Tefilín del Brazo, asociados con *Maljut*, se colocan en el brazo izquierdo). Entonces *Zeir Anpin*, el Rostro Pequeño, irradia hacia *Maljut* la conciencia expandida que previamente la había abandonado, y de la cual sólo quedó un residuo en el corazón de *Zeir Anpin*. La conciencia expandida había dejado a *Maljut* porque la percepción espiritual sólo está plenamente presente durante la plegaria. Luego, sólo queda un residuo, y por la noche incluso este remanente se retrae, quedando solamente en el corazón de Zeir Anpin. Esta es la idea en el versículo: "Colócame como un sello sobre tu corazón y como un sello sobre tu brazo" (Cantar de los Cantares 8:6).

Ahora, cuando *Maljut* retorna a su lugar y *Zeir Anpin* ve que la conciencia expandida de *Maljut*, Emuná, le ha sido restaurada, se siente celoso de ella, "duro como la tumba son los celos" (*Ibid.*). *Zeir Anpin* toma de vuelta su propia conciencia expandida, que fue renovada durante la noche - ésta es la conciencia de *Daat*, el conocimiento y la comprensión. Aquí tenemos el concepto de los Tefilín de la Cabeza, que están asociados con *Zeir Anpin* y con la conciencia expandida de *Daat*, el conocimiento y la comprensión, como opuestos a los Tefilín del Brazo, que están asociados con *Maljut* y la conciencia expandida de Emuná, la fe (*Pri Etz Jaim, Shaar HaTefilín*, C.7). Y como se mencionó anteriormente, *Zeir Anpin* corresponde al Tzadik, mientras que *Maljut* corresponde al pueblo judío.

El Tzadik y el Pueblo Judío

Tratemos ahora de arrojar luz al significado de estas

enseñanzas examinando la relación entre el Verdadero Tzadik y el pueblo judío. El Tzadik está asociado con los Tefilín de la Cabeza y el pueblo judío con los Tefilín del Brazo.

El Verdadero Tzadik es aquel que trae al mundo la conciencia expandida y la vitalidad asociadas con los Tefilín: ¡los Tzadikim son la vida y el cerebro del mundo! El Tzadik líder de cada generación es llamado Moisés (así encontramos en la *Guemará* que un sabio llama al otro "Moisés", cf. *Shabat* 101), y Moisés es el concepto de Mashíaj (*Zohar* I, 25b). Moisés es la personificación de *Daat*, el Conocimiento Santo, el conocimiento y la conciencia asociados con los Tefilín (ver *Likutey Moharán* I, 38). El Verdadero Tzadik es el "río que sale del Edén para regar el jardín, y de allí se divide y se vuelve cuatro cabezas" (Génesis 2:10). Las "cuatro cabezas" son las cuatro *parashiot* de los Tefilín, ellas son el "cerebro" de los Tefilín, hecho descender en el "río que sale del Edén", el Verdadero Tzadik.

El Tzadik, los Tefilín de la Cabeza, irradia comprensión espiritual al pueblo judío, acercándolo a Dios. En cuanto al pueblo judío, los Tefilín del Brazo, su percepción de Dios se funda en la fe. La fe es en verdad el fundamento sobre el cual depende todo el judaísmo. Es así que los sabios enseñaron que "Habakuk vino y lo basó en una sola cosa: 'El Tzadik vivirá por su *fe*' (Habakuk 2:4)" (*Makot* 24).

El pueblo judío es incapaz de recibir de la conciencia expandida del Tzadik, *Daat*, tal como ésta es: las percepciones espirituales del Tzadik son muy exaltadas. Para poder irradiar hacia el pueblo, el Tzadik tiene que dejar de lado sus propias percepciones y entrar en lo que para él es un estado de "dormir" en el cual no permanece ni siquiera un resabio de su conciencia expandida. Sólo le queda un residuo de fe, que permanece en su corazón, "como un sello sobre tu corazón" (Cantar de los Cantares 8:6). Es esta fe lo que él irradia al pueblo para separar las chispas de santidad que están atrapadas en el ocultamiento. Él debe elevar las almas de los que han caído debido a sus pecados al punto en que Dios ha quedado oculto de ellos. El Tzadik está obligado a descender a su nivel, dejando de lado sus propias percepciones profundas, para instilarle a esta gente una fe simple y así llevarlos de retorno a Dios. Enseñó el Rebe Najmán que el Tzadik lleva a la gente común hacia Dios mediante cuentos y conversaciones simples y cotidianas. Porque el Tzadik se encuentra en un estado de "dormir" al que entra para elevar al mundo.

Luego, cuando el Tzadik, junto con todas las chispas que ha elevado, es decir, las almas que retornan, se despierta de su "dormir", éstas deben dedicarse a la Torá, a la plegaria y a la devoción para alzarse a su lugar apropiado. Ésta es la idea de colocarse los Tefilín del Brazo, donde *Maljut* se sienta en el brazo izquierdo, como se mencionó arriba. En su estado caído anterior, la conciencia expandida había abandonado al pueblo judío, quedando sólo un residuo de la fe en el corazón del Tzadik, "como un sello sobre tu corazón", tal como hemos visto. Pero luego de haber elevado las almas y de haberlas hecho retornar a Dios a través de la fe, el Tzadik les irradia ahora una sabiduría y una comprensión superior, para fortalecerlas en su fe y alentarlas en sus devociones. Él les enseña a no prestarle atención a los obstáculos y tentaciones de la vida, y a superar todo a través de la comprensión santa, de la fe.

Esta comprensión santa está simbolizada por los Tefilín del Brazo, que se colocan sobre "la mano débil", para superar su debilidad. La "mano débil" es la suma de todos los obstáculos y tentaciones de la vida, que derivan del aspecto de severidad de Dios. Todo eso es superado a través del conocimiento que proviene de la fe, el conocimiento de que Dios está en todas partes y que por lo tanto no hay obstáculo en el mundo que no pueda ser superado. ¡No existe la pérdida de la esperanza! No hay caída de la cual uno no pueda levantarse. Al irradiar este conocimiento, el Tzadik fortalece las almas que ha elevado, hasta que ellas son capaces de superar todos los obstáculos que se les presentan y de acercarse a Dios, comenzando de nuevo a cada instante.

Entonces, cuando el Tzadik ve los Tefilín del Brazo, cuando ve el éxito que tuvo al inculcarle a la gente la fe y el conocimiento, porque ahora ve que están lo suficientemente fuertes como para ser capaces de mantenerse firmes y superar todos los obstáculos, el Tzadik se vuelve celoso de sus discípulos, si así pudiera decirse. Porque "de mis discípulos he aprendido más que de cualquier otro" (*Makot* 10a). El Tzadik ahora se recuerda a sí mismo y recuerda su propio nivel verdadero, y esto lo lleva a retornar a su propio y verdadero nivel de conciencia expandida, que lo abandonó en el momento de su "dormir". Entonces retorna su conciencia expandida, renovada y realzada, los Tefilín de la Cabeza.

Los Nombres Divinos asociados con los *Tefilín Shel Rosh*

[26] Los Tefilín de la Cabeza están asociados con los tres nombres Divinos: *EHIH* (21), *IHVH* (26), *EHIH* (21). El valor numérico total de sus letras es 68, el mismo que *JaIM*,

vida, la vida del espíritu. Los Tefilín del Brazo están asociados con los tres nombres *EHIH* (21), *IHVH* (26), *ADoNaI* (65). El valor total de las letras de estos nombres es 102 = IaBoK (*Pri Etz Jaim, Shaar HaTefilín*, C.1, y ver *Shaar HaKavanot, Tefilín Drush* 2).

El nombre *EHIH* implica la idea de la concepción. Literalmente la palabra significa, "Seré", en el futuro. El Rebe Najmán explica (*Likutey Moharán* I, 6) que *EHIH* está unido a la *Teshuvá*, al arrepentimiento, porque antes que la persona retorne a Dios, no puede realmente decir que existe, en el verdadero sentido de la palabra. Sólo cuando la persona comienza a retornar empieza a prepararse para la existencia en el verdadero sentido. Entra entonces dentro de la categoría de *EHIH*, "seré" o "planeo ser".

El Rebe Najmán nos dice que incluso es necesario arrepentirse del propio arrepentimiento. Esto se debe al hecho de que es posible que nuestros primeros esfuerzos hayan sido inadecuados. Incluso el Tzadik que ya ha llegado a la *Teshuvá* perfecta también necesita arrepentirse de sus percepciones espirituales anteriores. Cada vez que alcanza una nueva percepción él se arrepiente, *EHIH*, de las percepciones de ayer porque eran demasiados materiales y así disminuían la verdadera exaltación de Dios. El Verdadero Tzadik se encuentra por lo tanto en un constante estado de arrepentimiento, *EHIH*, buscando continuamente nuevas y más elevadas percepciones. Esta es su larga vida, una vida en la cual el Tzadik constantemente comienza a vivir, porque cada día es como si él no hubiera vivido aún en absoluto, ni siquiera existido en el verdadero sentido de la palabra. Sólo ahora comienza a vivir y empieza a prepararse para la existencia.

Es por esto que los Tefilín de la Cabeza, que están

asociados con el Tzadik, están unidos a los nombres *EHIH IHVH EHIH*, cuya suma tiene el mismo valor numérico que *JaIM*, vida. Cada día el Tzadik comienza de nuevo con *EHIH*, la concepción, "planeo ser", como si hasta ahora no hubiera existido en absoluto. Y esto, en sí mismo, es como él alcanza una percepción completamente nueva. La nueva percepción es *IHVH*, que es el nombre asociado con la conciencia expandida (*Likutey Moharán* I, 6). Pero aun así, tan pronto como el Tzadik alcanza esta percepción, inmediatamente la deja de lado, anhelando una percepción más elevada. Sólo le queda un residuo de la primera percepción, y el Tzadik comienza sus devociones nuevamente. Esta es la idea del segundo *EHIH*, "planeo ser". Tenemos entonces *EHIH IHVH EHIH*, porque el Tzadik está moviéndose constantemente hacia nuevos niveles de *Teshuvá*. El valor numérico de estos tres nombres es *JaIM*, vida, porque la esencia de la larga vida es comenzar constantemente a vivir de nuevo.

Los Nombres Divinos asociados con los *Tefilín Shel Iad*

Por otro lado, los Tefilín del Brazo, asociados con el pueblo judío, están unidos a los nombres *EHIH IHVH ADoNaI*. La gente común también necesita comenzar nuevamente cada día, *EHIH*, "planeo ser". También ellos llegan a una percepción de Dios, *IHVH*, como explicamos arriba. Luego, sin embargo, cuando la intensidad de la percepción los deja, ellos quedan con *ADoNaI*: éste es el concepto de *Maljut*, Emuná, la fe en que Dios es el Señor (*ADoN*) de todo. Emuná, *ADoNaI*, siempre debe quedar con la persona: es el "punto" que nunca nos deja. La gente común debe quedar con un residuo de fe para poder continuar en su servicio a Dios. El principal motivo por el cual deben renovar su percepción es para mantenerse fuertes en su fe, que es el fundamento de toda su vida, tal como lo es de todas las cosas. A través del residuo de fe en *ADoNaI*, el Señor de todo, su mente se renueva y pueden superar todos los obstáculos.

Sin embargo, el Tzadik, quien está asociado con los Tefilín de la Cabeza, siempre está retornando al nivel de *EHIH*, porque él vive una verdadera larga vida y constantemente está comenzando a vivir de nuevo. Esta es la idea de *EHIH ASHER EHIH*, "Seré quien Seré" (Éxodo 3:14), el concepto del arrepentimiento sobre los arrepentimientos pasados. Uno retorna constantemente al nivel de *EHIH* y a una nueva vida. El primer *EHIH*, "planeo ser", indica cómo uno comienza a vivir de nuevo y a elevarse hacia una nueva percepción, la percepción de los Tefilín. Es así que la palabra *ASheR* tiene las mismas letras hebreas que *ROSh*, la cabeza, aludiendo a las percepciones en la cabeza, es decir *IHVH*. Luego, entonces, el Tzadik retorna nuevamente al nivel de *EHIH*, cuando comienza a anhelar por una percepción más elevada aún: ésta es la idea del segundo *EHIH*, como se mencionó más arriba.

Así *EHIH ASHER EHIH*, "Seré quien Seré", es la misma idea que *EHIH IHVH EHIH*, los nombres asociados con los Tefilín. Porque Dios Se reveló como *EHIH ASHER EHIH* en el momento del Éxodo de Egipto, siendo el Éxodo una de las ideas primordiales implícitas en los Tefilín, como vimos anteriormente.

Incluso la persona común debe aspirar a ambos niveles de percepción, el nivel de los Tefilín del Brazo y el nivel de los Tefilín de la Cabeza. Cuando la intensidad de la percepción deja a la persona, el residuo de fe que permanece en el corazón la hace elevarse a una nueva comprensión, fortaleciéndose con más fe, para poder retornar al servicio a Dios. Esta es la idea de los Tefilín del Brazo, asociados, como hemos visto, con *Maljut* y con *Emuná*. El valor numérico de las letras de los nombres asociados, *EHIH IHVH ADoNaI*, es 112, *IaBoK*, que es *BoKI*, experto: porque hace falta experiencia y pericia para superar todos los obstáculos de la vida tal como vimos arriba. Entonces, habiendo alcanzado el nivel de los Tefilín del Brazo, una fuerte fe y determinación, uno se vuelve celoso de sí mismo, si así pudiera decirse, y busca una percepción mayor para tener la fuerza de elevarse de nivel en nivel y siempre vivir una nueva vida. Esta es la idea de los Tefilín de la Cabeza, asociados con los nombres *EHIH IHVH EHIH, JaIM*, vida.

3. El Orden de las *Parashiot*

Corte frontal de los Tefilín de la Cabeza mostrando los cuatro compartimentos separados que lo componen, cada uno de los cuales contiene una de las cuatro *parashiot* escritas en su propia hoja de pergamino, tal como puede verse en el diagrama. Luego que cada hoja es enrollada se la ata con un hilo hecho de tendón animal y se la envuelve en un pequeño trozo de pergamino que se ajusta entonces por fuera también con tendón animal. Las *parashiot* están ordenadas en sus compartimentos de manera tal que alguien que enfrente

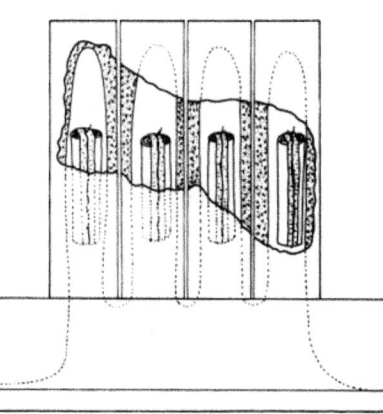

Rashi:

D   C   B   A

Rabeinu Tam:

C   D   B   A

directamente al que usa los Tefilín las podría leer (teóricamente) en el orden correcto, comenzando desde la derecha hacia izquierda como es costumbre en el hebreo. El punto de vista generalmente aceptado en cuanto al orden correcto de las *parashiot* es el presentado por Rashi, de modo que todos los judíos utilizan los tefilín de Rashi. En los Tefilín de Rashi el orden de las *parashiot* es (de derecha a izquierda):

A. "Conságrame" (Éxodo 13:1-10); B. "Cuando Dios los conduzca" (Éxodo 13:11-16); C. "Shemá" (Deuteronomio 6:4-9); y D. "Si obedecen" (Deuteronomio 11:13-21).

Un segundo punto de vista en cuanto al orden correcto de las *parashiot* es presentado por Rabeinu Tam. Los Tefilín de Rabeinu Tam son usados por los judíos piadosos, además de sus Tefilín de Rashi. El orden de las *parashiot* C y D está invertido. Así, en los Tefilín de Rabeinu Tam el orden de las *parashiot* es (de derecha a izquierda):

A. "Conságrame" (Éxodo 13:1-10); B. "Cuando Dios los conduzca" (Éxodo 13:11-16); D. "Si obedecen" (Deuteronomio 11:13-21) y C. "Shemá" (Deuteronomio 6:4-9).

(En los Tefilín del Brazo, donde las cuatro *parashiot* están escritas en una sola hoja de pergamino, el orden en el cual aparecen también varía de acuerdo a los puntos de vista de Rashi y de Rabeinu Tam).

V

Los Tefilín de Rashi y de Rabeinu Tam

El Talmud (Menajot 34b) pregunta en qué orden están colocadas las parashiot en los Tefilín y responde que A. "Conságrame" (Éxodo 13:1-10) y B. "Cuando Dios los conduzca" (Éxodo 13:11-16) están en un lado, mientras que C. "Shemá" (Deuteronomio 6:4-9); y D. "Si obedecen" (Deuteronomio 11:13-21) están del otro lado. Hay una diferencia de opinión entre Rashi y Rabeinu Tam en cuanto al orden de estas últimas dos parashiot.

Los Tefilín que usan todos los judíos están de acuerdo con Rashi, y son llamados los Tefilín de Rashi. En estos Tefilín, las cuatro parashiot están ordenadas en las batim en el mismo orden en el cual aparecen en la Torá: "Conságrame", "Cuando Dios los conduzca", "Shemá" y "Si obedecen". Sin embargo, lo opinión de Rabeinu Tam es que el "Shemá" debe ser ubicado al final, luego del pasaje "Si obedecen", en lugar de estar ubicado delante, como en los Tefilín de Rashi. Los Tefilín escritos de acuerdo a esta segunda opinión son conocidos como los Tefilín de Rabeinu Tam.

Muchos judíos utilizan los Tefilín de Rabeinu Tam además de los Tefilín de Rashi como un acto de piedad, para cumplir con la mitzvá de acuerdo a los dos puntos de vista. Algunos tienen la costumbre de utilizar ambos pares de Tefilín al mismo tiempo. Sin embargo, la costumbre más generalizada es utilizar los Tefilín de Rashi para el servicio de la plegaria de la mañana, y luego cambiarlos por los de Rabeinu Tam.

[27] Cada una de las cuatro *parashiot* de los tefilín está asociada con una de las letras del Tetragrámaton, *IHVH*. Las dos primeras *parashiot*, "Conságrame" y "Cuando Dios los conduzca", están asociadas respectivamente con la *Iud-Jojmá* (Sabiduría) y la primera *Hei-Biná* (Comprensión). La *parashá* del "Shemá", la declaración de la unidad de Dios, corresponde a la letra *Vav* del Nombre Divino. Esto está asociado con *Zeir Anpin* y el flujo descendente hacia los mundos de la revelación de la unidad y de la Bondad de Dios. La *parashá* final, "Si obedecen", describiendo las recompensas por guardar las mitzvot y los castigos por quebrarlas, está asociada con la *Hei* final del Nombre Divino, correspondiente a *Maljut*, el poder gobernante de Dios, incluido el poder de la recompensa y del castigo. *Maljut* está así asociado con el aspecto del Juicio Estricto de Dios.

En los Tefilín de Rashi el ordenamiento de las *parashiot* corresponde a la disposición de las cuatro letras del Nombre consecutivamente, *IHVH*. Así, en los Tefilín de Rashi, donde el "Shemá" viene delante de "Si obedecen", la Bondad viene antes que el Juicio Estricto. Por otro lado, en los Tefilín de Rabeinu Tam, el colocar la *parashá* "Si obedecen" antes que el "Shemá" corresponde al ordenamiento de las letras del Tetragrámaton como *IHHV*. La segunda *Hei* viene delante de la *Vav*, en otras palabras, el Juicio Estricto viene antes que la Bondad. ¿Qué significa esto?

El Juicio Estricto y la Bondad

Los sabios enseñaron que "El pensamiento inicial de Dios fue crear el mundo a través del atributo del Juicio. Pero Él vio que el mundo no sería capaz de perdurar, y envió primero la Bondad, asociándola con el Juicio: éste es el significado de, 'Estas son las generaciones del Cielo y de la Tierra en su creación, en el día en que el Señor Dios hizo la Tierra y el Cielo' (Génesis 2:4), primero 'Cielo y Tierra', luego 'Tierra y Cielo'" (*Bereshit Rabah* 12:15).

Las raíces de *Sitra Ajara*, el Lado no Santo, y de la inclinación al mal en el hombre, que es parte de ello, yacen en el aspecto del Juicio Estricto de Dios (*Likutey Moharán* I, 72). Para generar la creación, fue necesario que Dios ocultara Su luz infinita, pues de otra manera no hubiera habido lugar para algo finito. El ocultamiento de la luz produjo el "Espacio Vacío", vacío porque aparentemente se encuentra vacío de Divinidad. Es en este Espacio Vacío que tuvo lugar la creación finita. El ocultamiento de la Divinidad es lo que permite la libertad de elección del hombre y constituye su desafío en la vida: en ausencia de la luz Divina, las tentaciones de la mala inclinación pueden parecer muy deseables, aunque en realidad son malas, y terminan haciendo que aquél que sucumbe a ellas sea juzgado severamente.

La capacidad del hombre para quebrar su mala inclinación le es dada a través del atributo Divino de la Bondad, que Él "asoció" con el atributo del Juicio Estricto. Esto es lo que nos da el poder para quebrar la mala inclinación y transformarla en algo santo. Este es el significado de la idea de que los Tzadikim transforman el atributo del Juicio en Bondad.

¿Por qué "el pensamiento inicial de Dios fue crear el mundo a través del atributo del Juicio"? Porque Él quiso que el hombre desarrollara un nivel de determinación tal en su servicio a Dios que, *sin ayuda* desde arriba, lo llevara a tener el poder de quebrar su mala inclinación, enraizada en el atributo del Juicio. Sin embargo, Dios vio que a la mayoría de las personas les sería imposible mantenerse firmes frente a semejante prueba y "envió primero la Bondad, asociándola con el Juicio".

Es por esto que Dios se apiada constantemente de la gente y les envía pensamientos de arrepentimiento para ayudarlos a quebrar la mala inclinación. "Cada día la persona es atacada por su inclinación, y si no fuese por la ayuda de Dios, caería en su poder" (*Kidushin* 30). El motivo por el cual "cada día la persona es atacada por su inclinación" se debe a que "el pensamiento inicial de Dios fue crear el mundo a través del atributo del Juicio". Cada día el atributo del Juicio se despierta nuevamente, y de aquí surgen los ataques diarios de la mala inclinación. Pero Dios muestra inmediatamente compasión y "envía primero la Bondad", en la forma de la ayuda que Él nos da cada día para quebrar la mala inclinación. Él ve "que el mundo no es capaz de perdurar y envía primero la Bondad".

Los Más Grandes Tzadikim

Sin embargo, hay Tzadikim tan grandes que no necesitan la ayuda de arriba. En su caso Dios envía primero el Juicio, pero ellos se mantienen firmes frente a todas las pruebas aunque deban soportar toda clase de dolor y sufrimiento. Así alcanzan las más grandes alturas espirituales. Encontramos que Iaacov habló del "Dios [*Elohim*] ante el cual anduvieron mis padres" (Génesis 48:15). *Elohim* es el nombre Divino asociado con el Juicio. Así Abraham, el abuelo de Iaacov, anduvo ante Dios por sí mismo, sin ayuda desde arriba (ver Rashi sobre Génesis 5:90).

Esto explica los grandes sufrimientos de tantos Tzadikim. "Dios prueba a los Tzadikim" (Salmos 11:5), como el vendedor de lino que sabe que tiene una buena fibra de lino. Cuanto mejor es, más la golpea (*Bereshit Rabah* 32). "Dios castiga a quien Él ama" (Proverbios 3:12). El trabajo de los Tzadikim es endulzar el Juicio Estricto en su raíz, que es el Pensamiento Inicial. Ellos tienen fe y saben que el sufrimiento y los juicios severos que deben soportar son en verdad muy beneficiosos. Y sus esfuerzos los llevan a elevarse hasta unirse con el Pensamiento Inicial.

Así, cuando Moisés vio cómo el Rabí Akiva estaba destinado a ser despellejado vivo con peines de acero preguntó, "¿Es ésta la Torá? ¿Es ésta su recompensa?". Dios respondió, "Silencio. Así es como se elevó en el pensamiento" (*Menajot* 29b). El sufrimiento de los Tzadikim, como el Rabí Akiva y otros grandes mártires, deriva del Pensamiento Inicial donde Dios quiso crear el mundo a través del Juicio para que el hombre se mantuviese firme ante las pruebas sin ayuda desde arriba y se uniese con el Pensamiento Inicial. Pero Dios vio que el mundo no podía perdurar y envió primero la Bondad. De esta manera todos tienen el poder de quebrar la mala inclinación, con la ayuda desde Arriba. Sin embargo, los grandes Tzadikim como el Rabí Akiva y sus compañeros sirven a Dios de la manera en que se elevó primero en el pensamiento de Dios, sólo a través del Juicio. Ellos sufren todo tipo de dolor y se mantienen firmes ante todas las pruebas, siendo así capaces de elevarse y de unirse con el Pensamiento Inicial. "Así es como se elevó en el pensamiento".

[28] Ya hemos tratado sobre la idea de que el atributo del Juicio deriva de la "contracción" inicial de la luz de Dios que produjo el Espacio Vacío. El Espacio Vacío es la fuente de las paradojas más profundas de la existencia, temas que son imposibles de resolver racionalmente, tales como por qué sufren los justos. Sin embargo, el gran Tzadik, la figura de Moisés, es capaz de penetrar en estas preguntas: ésta es la idea tratada más arriba, de cómo el Tzadik se eleva al nivel del Pensamiento Inicial. Manteniéndose firme ante las pruebas y aceptando el dolor y el sufrimiento, el Tzadik es capaz de penetrar el secreto del Espacio Vacío y de saber que incluso dentro del ocultamiento, Dios se encuentra velado de la manera más tremenda y notable, algo que no puede ser comprendido mediante la razón humana (ver *Likutey Moharán* I, 64).

El nivel de percepción de estos Tzadikim es muy exaltado, y es el nivel de percepción asociado con los Tefilín de Rabeinu Tam, donde, tal como hemos visto, el Juicio viene antes que la Bondad. Estos Tzadikim enfrentan el Juicio Estricto de Dios antes de penetrar en Su abundante Bondad. Así es como Dios quiso originalmente gobernar el mundo. Estos Tzadikim se unen entonces con el Pensamiento Inicial y son capaces de endulzar todos los juicios severos en su misma raíz. Ellos alcanzan estas alturas mediante el Juicio mismo: soportando todo, triunfan incluso bajo el criterio del atributo del Juicio.

Por otro lado, en los Tefilín de Rashi, la Bondad viene antes que el Juicio Estricto, de acuerdo con la idea de que

"Él envió primero la Bondad, asociándola con el Juicio". Así es como Dios gobierna a todo el resto del mundo. Y es por esto que la manera aceptada de cumplir con la mitzvá de los Tefilín es mediante los Tefilín de Rashi, que son los únicos Tefilín que utiliza la mayoría de la gente.

Sin embargo, aquellos que desean santificarse más aún, deben colocarse además los Tefilín de Rabeinu Tam, para recibir más iluminación proveniente de los grandes Tzadikim que han logrado elevarse al Pensamiento Inicial endulzando así todos los juicios severos en su misma raíz. El Rebe Najmán alentó a sus seguidores para que utilizasen los Tefilín de Rabeinu Tam (*Kojavey Or* p.80, #36). La Mala Inclinación es el único motivo por el cual estamos lejanos de Dios. Esta se encuentra enraizada en el Espacio Vacío tal como se explicó arriba. Y ese es el nivel al cual se elevan los más exaltados Tzadikim para endulzar todos los juicios severos en su fuente. Mediante sus logros, incluso aquéllos que están lejos de Dios se vuelven capaces de quebrar la Mala Inclinación, que surge del Espacio Vacío. Es por esto que el hecho de alcanzar una santidad más grande está unido a la utilización de los Tefilín de Rabeinu Tam.

En los Umbrales del Mashíaj

[29] En el período presente, al final del Exilio, en los umbrales del Mashíaj, es especialmente importante colocarse los Tefilín de Rabeinu Tam, tal como está enfatizado por los grandes líderes de nuestro tiempo. Pues los ataques del Malo son ahora más fuertes que nunca, porque él ve que su fin está muy cercano. Es como cuando dos personas están luchando y una ve que la otra está por

ganar: pelea entonces con toda su fuerza, porque "nadie es tan fuerte como aquel que está desesperado".

El exilio es la "concepción" y la redención es el "nacimiento". El Éxodo de Egipto fue un nacimiento: "En cuanto a tu nacimiento, en el día en que fuiste dada a luz..." (Ezequiel 16:4). Y está escrito con respecto a la redención final: "Pues luego que Sión estuvo de parto, parió a sus hijos" (Isaías 66:8) y "¿Llevaré hasta el momento del parto y no haré nacer?" (*Ibid.* 9). El final del exilio está marcado por una intensificación de la oscuridad. Este fue el caso en Egipto, donde el faraón dio instrucciones para "hacer más pesado el trabajo sobre la gente" (Éxodo 5:9), haciendo que Moisés se quejara de que "desde el momento en que vine al faraón para hablar en Tu nombre él le ha hecho daño a este pueblo" (Éxodo 5:23). La intensificación del final del exilio es un paralelo del dolor del nacimiento: "Y fue cuando el faraón hizo las cosas difíciles antes de dejarnos ir" (Éxodo 13:15).

Todos nuestros presentes sufrimientos son los dolores de parto a medida que llegamos al final del exilio, "Como una parturienta acercándose al momento del nacimiento, que con dolor clama en sus contracciones" (Isaías 26:17). La peor parte del exilio es el ataque del Malo en contra de las almas judías, tratando de distanciarlas de Dios. El sufrimiento del alma es la esencia del exilio, todo el resto es vanidad. El Malo trabaja muy duro para intentar traer el ateísmo al mundo. El Rebe dijo que un gran ateísmo está llegando al mundo, y esto lo vemos con nuestros propios ojos (*Sabiduría y Enseñanzas del Rabí Najmán de Breslov* #222). Nunca antes como ahora en la historia judía el ateísmo ha estado tan difundido entre los judíos, cuando tantos han abandonado la práctica judía y se han asimilado.

El ataque del Malo es parte de los dolores de parto del Mashíaj. Todo el poder del Malo proviene de la raíz del Juicio Estricto, del Espacio Vacío. Por lo tanto, hoy en día, la única manera que tenemos de enfrentar el mal es apoyándonos en la fortaleza de los verdaderos grandes Tzadikim, quienes tienen el poder de entrar en el Espacio Vacío y endulzar el Juicio en su fuente. De esta manera y dado que ésta es la fuente de la Mala Inclinación, se elimina la mala inclinación de todos en el mundo. Esto explica la importancia de colocarse en nuestros tiempos los Tefilín de Rabeinu Tam. Ellos nos traen la conciencia expandida de estos grandes Tzadikim y nos dan la fortaleza para repeler los ataques de la Mala Inclinación y quebrarla por completo.

El Primogénito: en un nivel más profundo

[30] Amalek es la personificación del ateísmo y de la falta de fe. Amalek es llamado "primero de las naciones" (Números 24:20). Esto está relacionado con el Espacio Vacío, que es donde está enraizado Amalek, porque el Espacio Vacío es la fuente del ateísmo. El Espacio Vacío llegó a la existencia antes que la creación del Universo, porque sin él no hubiera habido lugar para el universo. Sin el ocultamiento de la luz infinita de Dios, el mundo finito no hubiera llegado a la existencia, el brillo de la luz infinita hubiera hecho imposible que el mundo finito existiera de manera independiente (ver *Likutey Moharán* I, 64). Pero dado que el Espacio Vacío oculta la Divinidad, ésta es la fuente de las *klipot*, que son las "cáscaras" que cubren y ocultan la Divinidad, tal como la cáscara cubre el fruto. La cáscara está primero, uno encuentran primero la cáscara y

luego llega al fruto que está dentro. Es así que el Espacio Vacío vino primero, antes que el Universo, y debido a esto Amalek también es llamado "primero", porque su poder deriva del Espacio Vacío.

Esaú fue el abuelo de Amalek y representa la misma idea. Esaú fue el "primogénito" de la misma manera en que la cáscara viene primero antes que el fruto. Esaú está enraizado en el Espacio Vacío, que vino primero, antes que el mundo. Pero la verdad es que Dios precedió a todo, porque Dios "llena todos los mundos y rodea todos los mundos". Él Mismo generó el Espacio Vacío para hacerle un lugar a la creación del mundo. Y el pueblo judío, a través de su fe en Dios, Quien precedió a todo, es capaz de elevarse por sobre todas las ideologías idólatras y ateas que surgen del Espacio Vacío. Nosotros tenemos fe que incluso en el Espacio Vacío, Dios está presente, aunque oculto, porque Él precedió a todo. Los judíos son llamados Hebreos – *IVRim*, de la raíz *EVeR*, que significa *pasar sobre*, porque mediante su fe los judíos pasan sobre y se elevan por sobre todos los sistemas ideológicos que surgen del Espacio Vacío.

De modo que el pueblo judío es el verdadero primogénito, "Mi primogénito, Israel" (Éxodo 4:22), porque mediante su fe ellos pasan más allá del Espacio Vacío y creen en Dios Mismo, quien fue el primero y precedió a todo. Esto explica porqué Iaacov tomó la primogenitura de Esaú. Al comienzo el derecho de primogenitura debía estar en las manos de Esaú, porque "la cáscara precede al fruto". El derecho de primogenitura de Esaú deriva del Espacio Vacío, que precedió al mundo. Pero Iaacov, a través de su fe, fue capaz de trascender el Espacio Vacío, creer en Dios y unirse a Dios, quien precedió a todo. De esta manera fue capaz más tarde de cancelar la primogenitura de Esaú-

Amalek, "primero de las naciones", y tomar la primogenitura para sí mismo, "Mi primogénito, Israel".

Esto explica porqué la plaga de los primogénitos en Egipto y la santificación del primogénito de Israel se produjeron precisamente en el momento del Éxodo. Ello constituía una parte integral del Éxodo. El exilio en Egipto englobaba a todos los exilios del pueblo judío, los cuales derivan de la influencia impura de Amalek, la serpiente. Amalek, "primero de las naciones", es la raíz de los cuatro reinos bajo cuya soberanía ha estado el pueblo de Israel (ver *Likutey Moharán* I, 30) y Edom, quien es Esaú-Amalek, era el ángel guardián de Egipto. La terca negativa del faraón de dejar salir al pueblo judío proviene esencialmente de su ateísmo y falta de fe, que derivan del Espacio Vacío, donde está enraizado Amalek. Explica el Rabí Najmán que el faraón está asociado con el Espacio Vacío, que es la raíz de la pesadez del corazón: el faraón repetidas veces "endureció su corazón" (*Likutey Moharán* I, 64).

"Y fue cuando el faraón hizo las cosas difíciles antes de dejarnos salir..." (Éxodo 13:15), ésta es la dificultad del proceso del nacimiento. Entonces "...Dios exterminó a todos los primogénitos en la tierra de Egipto" (*Ibid.*) para quebrar el orgullo del primogénito del Otro Lado, quien debe su posición al derecho de primogenitura de Esaú-Amalek, "primero de las naciones", una primogenitura enraizada en el ateísmo que deriva del Espacio Vacío que precedió al mundo. El propósito era quebrar el poder de este ateísmo y darle el primer lugar al primogénito de Israel, quien debe su posición al derecho de primogenitura de Iaacov. Porque a través de su fe, Iaacov fue capaz de trascender el Espacio Vacío y de superar todas las paradojas, dudas e ideologías infundadas que de él derivan. Iaacov se unió a Dios, que es verdaderamente el primero, quien precedió a todo y que es la fuente de la primogenitura santa.

Así fue como nació el pueblo judío y salió de Egipto. Entonces fueron santificados los primogénitos debiendo ser entregados al Sacerdote, quien recibe su santidad del Anciano Supremo (*ZaKeN*) del lado de la Santidad, la "Barba (*ZaKaN*) de Aarón", como vimos arriba (ver #15). La luz de las Perfecciones de la Barba es hecha descender por el Ciego quien se fundió con el Infinito; Dios estuvo antes que todo y en comparación con Él el mundo entero no es ni un parpadeo. El propósito de darle el primogénito al sacerdote es santificar al primogénito e imbuirlo de la santidad del derecho de primogenitura de Israel, que es Emuná. Mediante la Emuná pasamos más allá de todos los otros sistemas de pensamiento y creemos en Dios, quien precedió a todo.

"Y *harás pasar a Dios* a todo el que abre la matriz" (*Ibid.* v.12). La palabra hebrea para "harás pasar", *vehaAVaRta*, proviene de la misma raíz que *EVeR*, tratado más arriba, y está unida a la idea de la trascendencia. Mediante la santidad del primogénito somos capaces de conquistar a la primogenitura del Lado no Santo, el Espacio Vacío. Porque a través de santificar al primogénito pasándoselo al Sacerdote, atraemos hacia nosotros la fe perfecta mediante la cual trascendemos todos los sistemas ajenos de pensamiento.

Ahora podemos comprender por qué el Éxodo de Egipto, la santificación del primogénito y la fe son los temas más importantes de las *parashiot* de los Tefilín. Todos ellos corresponden a un solo tema, porque a través de la fe trascendemos todos los sistemas ideológicos que derivan del Espacio Vacío. Esta es en sí misma la idea esencial del Éxodo de Egipto, que está unida integralmente a la santificación del primogénito.

La fe es la fuente de la vitalidad y de la renovación espiritual asociada con los Tefilín. La fe es la fuente de la vida, porque "En la luz del rostro del Rey hay vida" (Proverbios 16:15). Nosotros creemos que Dios creó el mundo a partir de la nada y "en Su bondad Él renueva cada día la obra de la creación" (*liturgia diaria*). "Tú has hecho todo con sabiduría" (Salmos 104:24): fue a través de la sabiduría que toda la creación llegó a la existencia. Y es a través de la sabiduría - la comprensión cada vez más profunda y el reconocimiento cada vez mayor que tenemos de Dios - que la obra de la creación se renueva. "En Su *bondad* Él renueva la obra de la creación": "*bondad* no es otra cosa que la Torá" (*Berajot* 5a) y "*bondad* no es otra cosa que el Tzadik" (*Ioma* 38b), es decir el verdadero Tzadik que alcanza cada día una nueva comprensión de la Torá. Mediante esto se renueva la obra de la creación y esta renovación es la esencia de los Tefilín.

El Individuo

[31] El nacimiento de un alma judía individual corresponde al mismo concepto que el Éxodo de Egipto. El nacimiento del individuo es un triunfo por sobre las dificultades del parto, de la misma manera que el Éxodo se produjo debido a que Dios superó las dificultades del nacimiento de la nación exterminando a los primogénitos de Egipto. "Y fue cuando el faraón hizo las cosas difíciles antes de dejarnos salir, que Dios exterminó a todos los primogénitos en la tierra de

Egipto" (Éxodo 13:15). El Éxodo de Egipto, que fue el nacimiento de la nación, constituyó una tremenda revelación de cómo Dios dirige y renueva constantemente al mundo. Esto se manifestó en las plagas, en las señales y en las maravillas. La fe en Dios era lo que el faraón combatía precisamente con más fuerza. El faraón, quien tomaba su poder de Edom-Amalek, del ateísmo del Espacio Vacío, quería mantener al pueblo judío en su exilio, y esto es lo que hizo difícil el nacimiento. "Y fue cuando el faraón hizo las cosas difíciles...". Fue por esto que Dios exterminó a todos los primogénitos de Egipto, al primogénito del Otro Lado, al Ateísmo que deriva del Espacio Vacío.

Cada alma judía es también una revelación. Cada alma tiene una manera única de reconocer "a Aquél que habló y el mundo llegó a la existencia". Porque es un principio básico el hecho de que Dios nunca hace dos veces la misma cosa. Incluso cuando las almas son encarnadas, una misma alma no desciende al mundo con la misma combinación de *nefesh*-alma, *rúaj*-espíritu y *neshamá*-esencia. Siempre hay una combinación completamente nueva (ver *Sabiduría y Enseñanzas del Rabí Najmán de Breslov* #54). De manera que cada vez que nace un alma judía, nace una nueva mente. La mente, el *sejel*, es en verdad la fuente de la vida y de la vitalidad: ella *es* el alma, como está escrito "el *alma* del Eterno les da *comprensión*" (Job 32:8).

Cada nueva alma que nace viene al mundo para poder conocer y reconocer a Dios de una nueva forma. En cada generación las almas son purificadas de maneras particulares para traer al mundo una nueva comprensión de Dios. Es por esto que Dios Se preocupa, si así pudiera decirse, en mantener el mundo de generación en generación. El propósito es purificar las almas cada vez más de la impureza de la serpiente, para que puedan llegar a un conocimiento mayor de Dios. "Este es Mi nombre por siempre, y Mi memorial para todas las *generaciones*" (Éxodo 3:15). "De generación en generación relataremos Tu grandeza" (*liturgia de Rosh HaShaná*). "De generación en generación alabarán Tus obras" (Salmos 145:4).

Por lo tanto cada vez que llega una nueva alma al mundo, Amalek, la serpiente, lucha muy duramente contra ella, tratando de impedir su nacimiento. Es por esto que el proceso del nacimiento es tan difícil. La causa y raíz de la dificultad es la serpiente que hizo que Adán pecara. Debido a esto fue decretado que "tendrás hijos con dolor" (Génesis 3:16).

Esto arroja luz a la afirmación del Rebe Najmán de que recitar el Salmo de Agradecimiento (Salmos 100) es beneficioso para una mujer que tiene dificultades en el parto. El tema de este Salmo es la fe: "Sabe que el Señor es Dios" (v.3); "Su fidelidad es de generación en generación" (v.5), porque la fe se renueva y fortalece de generación en generación a través de la renovación de las almas, de las nuevas mentes que perciben y comprenden a Dios de nuevas maneras. La fe es la forma de superar las dificultades del nacimiento. La fe y la plegaria son la misma cosa, hecho por el cual es una costumbre judía ofrecer muchas plegarias por la mujer que tiene dificultades en el parto. Las dificultades surgen de Amalek, del ateísmo, que trata de prevenir el nacimiento de una nueva alma que traerá más fe en la renovación de la Creación por Dios.

La señal más poderosa de la renovación del mundo por Dios es cuando una mujer da a luz por primera vez. Allí es cuando Amalek lucha con más fuerza, y es por esto que es necesario santificar al primogénito dándoselo al

Sacerdote. De esta manera quebramos el orgullo del primogénito del Otro Lado, de Amalek.

"Dios tiene una guerra contra Amalek *de generación en generación*" (Éxodo 17:16). Amalek lucha en cada generación, porque él es el "rey viejo y tonto" (Eclesiastés 4:13). Él no quiere la renovación de la vitalidad y de la comprensión que se produce a través de la renovación de las almas en cada generación, porque niega que Dios "en Su bondad renueva cada día la obra de la creación".

Las *parashiot* de los Tefilín comienzan con el concepto del nacimiento: "Conságrame todo primogénito" (Éxodo 13:2). El motivo es que el nacimiento es la renovación de la vida y de la conciencia. Esta es toda la idea de los Tefilín, renovar cada día nuestra mente y nuestra vitalidad para comenzar a servir a Dios nuevamente cada día.

La Redención Final

[32] Los ataques del Malo son ahora más fuertes que nunca dado que estamos alcanzando el final de nuestro presente exilio. Nuestros sufrimientos son literalmente los dolores de parto del Mashíaj. Nuestras dificultades son mucho más duras que aquéllas de los tiempos de la redención de Egipto, porque ésta será la redención final y completa: nunca habrá otro exilio. El veneno de la serpiente será completamente eliminado y todo Israel retornará a Dios. La Resurrección de los Muertos tendrá entonces lugar: todo el mundo será renovado, y "Él tragará a la muerte para siempre" (Isaías 25:8). Entonces viviremos la larga vida de los Tefilín, el Árbol de la Vida, por siempre.

El motivo por el cual el Malo ataca tan fuerte es

porque ve que su final está cerca. Su objetivo es tratar de hacer que el pueblo judío se sienta viejo y cansado, como si hubieran envejecido tanto en este largo exilio que ha durado cerca de dos mil años, al punto en que sientan que ya no hay más esperanzas. Él ataca a cada persona individualmente con el pensamiento de que ha envejecido tanto en su malos caminos que ya no puede retornar a Dios, mientras que toda la redención "sólo depende de la *Teshuvá*" (*Tikuney Zohar* 6, 22b). Es por esto que apelamos a Dios: "No me rechaces a la hora de la vejez. Cuando mi fuerza se acabe, no me abandones" (Salmos 71:9).

El pedido es para que no caigamos en la vejez del Otro Lado. Porque el Malo es llamado "viejo y tonto" (Eclesiastés 4:13) pues él niega que Dios renueva constantemente al mundo. Esta negación es la fuente de la vieja y anciana mentalidad del Otro Lado, como si no hubiera manera de renovarnos, Dios no lo permita. Esta idea atea, que es la fuente principal del poder de la Mala Inclinación, deriva del Espacio Vacío.

Es por esto que hoy en día es tan importante colocarse los Tefilín de Rabeinu Tam. La conciencia expandida a la cual están asociados es aquella de los grandes Tzadikim que tienen el poder de penetrar la primera contracción del Espacio Vacío y endulzar la fuente de los juicios severos. Ellos "hacen conocer Su poder a los hijos del hombre" (Salmos 145:12), mostrando que incluso el Espacio Vacío y todas las paradojas y preguntas a las que da lugar derivan en sí mismas de Dios, porque Él "le da vida a todo" (Nehemías 9:6). Porque sería imposible saber algo de Él si no fuera por la retracción de la luz y del conocimiento, que deben preceder nuestro conocimiento de Dios. La luz infinita debe ser ocultada a través de las paradojas y de los acertijos del Espacio Vacío, para dejar lugar a la creación del mundo finito en el cual se les pueda revelar a las criaturas finitas el conocimiento de Dios (ver *Likutey Moharán* I, 64). Mediante la fe quebramos la cáscara que precede al fruto, el Espacio Vacío que precedió al Universo. Porque mediante la fe trascendemos todo.

Por esta razón nuestra mayor esperanza de salir de este amargo exilio y superar los dolores de parto de la redención, tanto colectiva como individualmente, es mediante la fortaleza de estos grandes Tzadikim que tienen el nivel de percepción de los Tefilín de Rabeinu Tam. Debemos tener especial cuidado en colocarnos los Tefilín de Rabeinu Tam para acercar así la redención, rápidamente y en nuestros días. De esta manera cada individuo alcanzará la redención de su alma y la sacará de este amargo exilio entre las vanidades del mundo que atrapan a cada uno de nosotros en su propia manera.

Uno debe sufrir literalmente los dolores de parto, especialmente al comienzo, y gemir, llorar, clamar y suspirar una y otra vez, hasta ser capaz de dar nacimiento a la santidad de su alma y redimirla de su exilio (ver *Likutey Moharán* II, 4). Así es como alcanzaremos la redención colectiva completa y pronto veremos el cumplimiento de la profecía: "Canta, estéril, tú quien no concebías" (Isaías 54:1). "¿Traeré al punto de nacer y no haré dar a luz?" (Isaías 66:9). "Pues luego que Sión estuvo de parto, parió sus hijos" (*Ibid.* v.8). Rápido y en nuestros días. Amén.

[33] Esto explica por qué en la plegaria de la mañana la oración "*U-va le-Zion goel*" ("Y un redentor vendrá a Sión") sigue inmediatamente después del recitado del Salmo 20: " Dios te responderá en el día de aflicción". La

razón Kabalista para recitar este Salmo es dar nacimiento a la conciencia expandida y traer a este mundo el influjo de la bendición.

El Salmo tiene setenta palabras correspondientes al mínimo de setenta clamores que debe emitir la mujer en trabajo de parto antes de dar a luz (*Zohar* III, 249). El sueño es la gestación, mientras que despertar a un nuevo día y comenzar nuevamente nuestras devociones es el nacimiento. Las setenta voces corresponden a los setenta rostros de la Torá, la totalidad de los cuales componen la conciencia expandida que debemos traer hacia nosotros para despertar de nuestro sueño, de nuestra caída espiritual. Debemos recobrar los setenta rostros de la Torá que hemos perdido y comenzar nuevamente. Esta es la esencia de la redención, individual y colectiva.

Inmediatamente después de recitar el Salmos 20 viene la plegaria "Y un redentor vendrá a Sión y a aquéllos en Iaacov que retornen del pecado" (Isaías 59:20). Aquéllos que "retornen del pecado" son los *Baalei Teshuvá*, los penitentes, quienes renuevan sus días pasados en la oscuridad. "Haznos volver, Señor, para que nosotros nos volvamos; *renueva* nuestros días como de antiguos tiempos" (Lamentaciones 5:21).

VI

Pergamino y Cuero

El concepto central de la siguiente sección es el del coaj hamedamé. *Literalmente esto significa la capacidad de asemejar una cosa a la otra. A falta de una palabra exacta en español el término se traduce aquí como "imaginación". Esto hace referencia a la facultad mental a través de la cual nos hacemos una imagen de lo que es el mundo. El* coaj hamedamé, *la imaginación, es responsable de una parte considerable de nuestra vida mental, en la cual nuestro pensamiento y sentimiento, nuestras actitudes y acciones se fundan en imágenes, conceptos, ideas y fantasías a través de las cuales vemos la vida y el mundo. El* coaj hamedamé *está contrastado con el* sejel, *el verdadero conocimiento de la realidad esencial del universo basado en* Jojmá, Biná *y* Daat, *sabiduría, conocimiento y comprensión.*

Las imágenes producidas por el coaj hamedamé *pueden o no estar cerca de la realidad. Por ejemplo: podemos tener una imagen de algo tentador, una comida sabrosa o algo similar, viéndolo como bueno, cuando en realidad puede ser nocivo para nosotros. Pero la imagen puede ser tan poderosa que vamos detrás de ella pese a todo. Otro ejemplo puede ser tener una imagen particular de cómo es alguna persona o de algún daño que pensamos que nos han hecho, sin detenernos a considerar si la persona es realmente así o si su comportamiento es tal como pensamos. En un nivel diferente, podemos utilizar*

> *imágenes materiales para tratar de comprender realidades espirituales, tal como cuando pensamos en el Paraíso como en un hermoso jardín.*
>
> *Nuestro* coaj hamedamé *es un poder sin refinar que consiste tanto de bien como de mal. Nuestras impresiones de la realidad están generalmente muy lejos de la verdad, pero dominan nuestro pensamiento y nos hacen actuar de acuerdo a ello, generando la mayoría de las veces un gran daño. Lo más importante en nuestra vida es purificar el* coaj hamedamé, *clarificar nuestro pensamiento y librarnos de las falsas ideas y supuestos. Esto lo hacemos desarrollando nuestro* sejel, *para alcanzar una verdadera comprensión de la realidad.*

[34] Los Tefilín deben estar escritos sobre la piel de un animal ritualmente puro (*Shuljan Aruj, Oraj Jaim* 32:12).

La piel del cuerpo corresponde al *coaj hamedamé*, la facultad de la mente para construir imágenes, la imaginación. Esta es la prenda externa del *sejel*, el intelecto superior: nuestros pensamientos e imágenes son la vestimenta externa en la cual se manifiesta la vida del espíritu en nuestra mente consciente. Las tres luces internas del intelecto son la *Neshamá*, el *Rúaj* y el *Nefesh*. Ellos se expresan en nuestro *Jojmá*, *Biná* y *Daat*, sabiduría, comprensión y entendimiento, las tres partes de la mente. Estas tres porciones de la mente son la contraparte espiritual de los huesos, los tendones y la carne del cuerpo. Tal como estos componentes interiores del cuerpo están cubiertos por la piel, de la misma manera las tres partes de la mente están "cubiertas" y expresadas en la imaginación.

La piel es la parte más externa del cuerpo. Está por

fuera de la carne y de los tendones, los que le dan su forma a la piel y que a su vez son exteriores a los huesos. La piel sin huesos, sin tendones y sin carne sería algo informe y sin propósito. De manera similar las imágenes y los pensamientos de la imaginación están vacíos y carecen de valor a no ser que estén de acuerdo con la verdad espiritual superior del *sejel*. La imaginación es llamada la "parte externa de la parte externa" del *sejel*, el cual es "pequeño" en comparación con el conocimiento espiritual maduro y la conciencia expandida, que son llamadas "grandes".

La imaginación es la facultad animal en el hombre: incluso un animal tiene imágenes de lo que quiere y de lo que teme. Nuestra tarea principal de purificación y de clarificación en la vida está dedicada a las imágenes en nuestra mente. Debemos retirar las "cáscaras", las ilusiones, las fantasías, las ideas equivocadas, los deseos materiales y demás, que están engranados en nuestra manera de pensar.

La purificación y la clarificación de las imágenes con las cuales pensamos lleva hacia una fe más grande. La fe se refiere a cómo miramos al mundo en aquellas áreas en donde el verdadero conocimiento, el *sejel*, está fuera de nuestro alcance. En contraste con el verdadero conocimiento, la fe es nuestra imagen de la manera en que creemos que son las cosas: la fe está en el ámbito de la imaginación. Tener una fe verdadera es tener una imagen que se corresponde con la verdad esencial, una señal de que la imaginación ha sido desarrollada a la perfección (ver *Likutey Moharán* II, 8).

Mientras la imaginación no esté purificada, la persona se verá asediada por deseos materiales y tendrá toda clase de dudas y de preguntas sobre la fe. Estará confundida y sus pensamientos la alejarán de Dios y de la unión con los Verdaderos Tzadikim. La fuente de todas estas ideas confusas es el Espacio Vacío, de donde derivan las cáscaras (ver arriba #27 y #30). Su fuerza principal se encuentra en el ámbito de la imaginación.

El hecho de escribir los rollos de la Torá, los Tefilín y las Mezuzot sobre la piel de un animal está unido a la purificación de la imaginación, la "piel", para llegar a una fe completa (hemos visto que la fe depende de la pureza de la imaginación). La purificación de la imaginación se produce a través del espíritu de profecía, el influjo del verdadero conocimiento a partir de un ámbito superior (ver *Likutey Moharán* II, 8). La Torá como un todo y los pasajes escritos en los Tefilín y en las Mezuzot, son un conocimiento verdadero, un espíritu profético. Al escribir los pasajes de la Torá sobre la piel de un animal, se purifica la imaginación, la "piel". Porque aunque la imaginación es el nivel más bajo de la conciencia, la conciencia expandida encarnada en los Tefilín es tan grande que tiene el poder de purificar incluso a la "parte externa de la parte externa" y a lo "más pequeño de lo más pequeño".

Reparando los Recipientes

El concepto Kabalista de los "recipientes" es de importancia central en la sección que sigue. El término hebreo keli *(plural,* kelim*) puede denotar tanto una herramienta o instrumento como un contenedor o recipiente, y la utilización del término en la literatura mística utiliza ambos significados.*

El propósito de Dios en la Creación es revelar Su Divinidad infinita a las criaturas finitas. Para superar el lapso entre el infinito y el finito, fue necesario establecer medios adecuados, "herramientas" o "instrumentos" adecuados, para hacer la tarea. Un contenedor es utilizado para retener un líquido y transmitirlo a alguien más, porque el líquido mismo no puede ser retenido con la mano. De manera similar, la luz infinita de Dios debía estar contenida en un "recipiente" para poder ser transmitida y comunicada a Sus criaturas, quienes de otra manera no podrían aferrarla.

Las letras, palabras y párrafos de la Torá son recipientes sagrados mediante los cuales se transmite la Divinidad al mundo. Incluso un niño puede comprender las palabras de la Torá. Aun así ellas contienen infinitos niveles de significado. Las mitzvot también son recipientes: cada mitzvá, con sus diferentes detalles, sólo puede ser cumplida en un mundo finito. Aun así contiene un sentido y un significado que va más allá de este mundo. Toda la Torá y las 613 mitzvot expresan los atributos de la Divinidad: Bondad, Justicia Estricta, etc. Estos atributos, las Diez Sefirot, son los medios a través de los cuales Dios Se revela a la Creación. Usualmente el término recipiente hace referencia a las Sefirot.

El propósito de los recipientes es revelar la unidad Divina que subyace en todas las cosas. Por lo tanto, en la medida en que los recipientes aparezcan como entidades independientes en sí mismas, su propósito no ha sido alcanzado. Ellas están "falladas". Pero nuestras mentes finitas no pueden comprender inicialmente que los diferentes recipientes, las diferentes Sefirot, no están separadas ni son independientes la una de la otra. La paradoja, entonces, es que los recipientes deben primero aparecer como independientes y separados antes que pueda ser revelada su unidad intrínseca como atributos del Dios Uno.

Hay por lo tanto dos fases en la revelación de los recipiente. La primera es llamada "la Rotura de los Recipientes". La Luz Infinita es demasiado grande para que la mente finita la pueda aferrar, y los recipientes "se quiebran", en el sentido de que ellos sólo pueden ser comprendidos como separados e independientes, aunque en esencia son una unidad completa. La segunda fase es la del Tikún, *"reparación", para revelar la unidad subyacente. La reparación se logra diseñando recipientes nuevos y más "fuertes" que tienen el poder de revelarle la unidad última de Dios incluso a una mente finita. Dado que Dios es todopoderoso, Él es capaz de unir incluso lo infinito con lo finito en una unidad y así construir tales recipientes. En verdad la luz Divina con la cual están hechos es superior a la luz de los recipientes que se "quebraron".*

Las enseñanzas de los verdaderos Tzadikim son recipientes de esta última clase, conformados para transmitir las enseñanzas de Torá más exaltadas mediante ideas simples y comprensibles, parábolas, etc. que han sido diseñadas para tener el poder de comunicar la idea interna sin distorsionar de manera alguna su verdadero significado. Los cuentos del Rebe Najmán son ejemplos sobresalientes de tales recipientes.

Cuanto más grande es el Tzadik más grande es su poder para reparar. Él puede descender hasta los niveles más bajos y purificar incluso el "exterior", el "más pequeño", los niveles más alejados del aspecto espiritual interior. [En general, cada nivel es llamado "interior" en relación al nivel que se encuentra más abajo, y "externo" en relación al nivel que se encuentra más arriba]. Mediante este poder del Tzadik, se reparan todos los mundos y se elevan todas las chispas diseminadas y las almas caídas. La fuerza principal de las cáscaras se encuentra en estos ámbitos exteriores, pero el Tzadik tiene la capacidad de minar por completo su poder.

El más pequeño de los ancianos en el cuento del Mendigo Ciego recordaba el corte del cordón umbilical. Cortar el cordón umbilical significa reparar y purificar la "piel": el cordón umbilical, que es la conexión entre la madre y el embrión, no es más que piel. De manera similar, en la cadena descendente de los mundos, de mundo a mundo, la conexión entre un mundo superior y el mundo inferior que deriva de él, es sólo desde el ombligo para abajo (ver *Etz Jaim, Shaar HaNikudim*. El comienzo del mundo inferior en el mundo superior se produce desde el ombligo del mundo superior y hacia abajo, es decir, desde el punto de comienzo de *Netzaj-Hod-Iesod* del mundo superior, los cuales son las "piernas", sus sefirot inferiores. De aquí deriva su vitalidad el mundo inferior, y así sucede de mundo en mundo y de nivel en nivel). Es por esto que Dios organizó la creación de manera tal que incluso el embrión físico debe estar unido a la madre a partir del ombligo, y la progresión descendente de una generación a la siguiente, de padre y madre a hijo e hija, comienza desde el ombligo hacia abajo.

De manera similar, la exaltada conciencia de todos

los santos ancianos es hecha descender hacia nosotros a través del más pequeño de ellos, el primero desde abajo, quien relató que recordaba el corte del cordón umbilical. Porque es desde el ombligo que surge la principal revelación de la conciencia expandida y desde donde comienza la progresión descendente de los mundos. Esto conecta con el hecho de que las *retzuot*, a través de las cuales hacemos descender sobre nosotros la luz de los Tefilín, llegan hasta el ombligo.

Pero aunque recibimos la luz sólo desde el ombligo hacia abajo, a través del anciano de la base que recordaba el corte del cordón umbilical, aun así la vitalidad interior de la conciencia expandida que recibimos desde aquí desciende sobre nosotros sólo a través del poder del anciano más elevado, el Mendigo Ciego, el infante. Porque sólo a través del poder de la santidad más grande de todas es posible diseñar recipientes capaces de contener la luz incluso en los niveles más bajos.

Explica el Rabí Najmán que para que podamos tener alguna percepción de la Divinidad en nuestro nivel humano, la luz Divina tiene que atravesar numerosas y sucesivas contracciones al descender nivel tras nivel, desde el intelecto más elevado al intelecto inferior, y así en más. Cuanto más bajo sea el nivel espiritual de una persona y mayor la enfermedad de su alma, más grande será el maestro que necesite. El maestro debe ser un perfecto artesano, un médico con el poder de diseñar recipientes que puedan revelar percepciones Divinas incluso a alguien que se encuentra tan abajo (*Likutey Moharán* I, 30).

Esto conecta con la enseñanza en el *Etz Jaim, Shaar HaNikudim*, etc., donde se explica que la luz de los recipientes proviene de un nivel muy exaltado, y que cuanto más elevado es el nivel del cual los recipientes reciben su luz, menor fue el rompimiento en el momento de la "rotura de los recipientes". Porque cuanto más elevada y exaltada es la luz, más grande es su poder para contraerse y ocultarse de manera tal que la luz pueda descender de forma mesurada sin excesos, y aun así producir exaltadas percepciones de Divinidad. La fuente de esta exaltada luz es el *Olam HaTikún*, el Mundo de la Reparación, que deriva del nivel de *Atik*, del Anciano. Aquí tienen su fuente todos los ancianos.

El Anciano Supremo era ciego, no miraba en absoluto este mundo. Aquí tenemos el concepto de la rectificación de los ojos. Es a partir del Mendigo Ciego que todos los otros, correspondientes a las ocho *parashiot* de los Tefilín, reciben su vitalidad, hasta el último de ellos, quien recordaba el corte del cordón umbilical, y a través de quien desciende hacia nosotros la luz de los Tefilín. (Está explicado en el *Shaar HaNikudim*, que la luz de los ojos se revela desde el ombligo hacia abajo: las luces de los *nikudim* que descendieron de los ojos recibieron luego luces desde el punto de la barba, y fueron reveladas desde el ombligo hacia abajo. Esto es en esencia, el comienzo de la formación de los recipientes, cuyo propósito es hacer posible que la luz Divina sea aprehendida incluso por criaturas finitas).

Este Anciano Supremo no miraba el mundo en absoluto: así corrigió el daño de los ojos, que representa la suma total de todos los pecados en la Torá y que es en sí mismo el concepto de la rotura de los recipientes. Porque todos los pecados se producen debido al daño de los ojos, como está escrito, "Y no andarás detrás de tu corazón y de tus ojos" (Números 15:39), "el corazón y los ojos son los dos agentes del pecado" (*Ierushalmi Berajot* 1). Debido a que este anciano santificó sus ojos y los cerró para no mirar a este mundo en absoluto, es a través de él que se logra la reparación de los recipientes que fueron quebrados debido al daño de los ojos. Él es el Anciano Supremo, que es el concepto de *Atik*, a través del cual se logra la reparación.

Es por esto que los Tefilín están hechos de cuero. El cuero es piel, lo "externo de lo externo", la barrera última que divide a una criatura de la otra y a un mundo de otro. Es a partir de la piel que surge la luz. Ésta pasa a través de las aberturas en la piel para descender de mundo en mundo. Las *parashiot* de los Tefilín contienen un total de cuarenta y dos nombres santos de Dios. (Hay veintidós nombres en los Tefilín de la Cabeza y veintidós en los Tefilín del Brazo. Juntos corresponden al Nombre de Cuarenta y Dos Letras, que es el nombre que Dios utilizó al crear el mundo). Éstos están escritos en la piel física de un animal para hacer descender la luz desde el ámbito más elevado y exaltado hacia los recipientes de este bajo mundo físico, lo "externo de lo externo", es decir la piel.

Esto nos permite recibir la luz de la percepción de la Divinidad de manera medida, luego de reparar lo "externo de lo externo", la imaginación, hacia la cual puede ahora ser traída la luz de la fe perfecta. Esta es la esencia de la santidad de los Tefilín. Recibimos esta luz del Anciano Supremo, quien engloba a todos los otros ancianos y a todos los aspectos de la conciencia expandida asociados con los Tefilín. Todo se corrige a través de este anciano.

Las Especies Puras

[35] La piel utilizada para los Tefilín debe provenir de

animales de especies puras comestibles por los judíos, incluso si el animal en particular del cual proviene la piel no es apto para comer debido a que no fue sacrificado correctamente. Además, el cuero debe ser trabajado con el propósito expreso de ser utilizado para la mitzvá de los Tefilín (*Oraj Jaim* 32:8, 12 y 37).

Sólo es posible recibir la conciencia expandida asociada con los Tefilín si uno trabaja la piel del cuerpo al punto en que no le quede ni siquiera la mínima traza de deseos mundanos, ni siquiera el mínimo olor. El Rebe dijo cierta vez que debemos trabajar el cuerpo hasta que llegue a ser como el cuero que uno puede dar vuelta de un lado y del otro y comprobar con sus propios ojos que está limpio. Dijo que hay grandes hombres que logran quebrar sus deseos corporales pero que son como el cuero que aún mantiene una traza de mal olor. Es necesario purificar y trabajar el cuerpo completamente hasta que no le quede el mínimo olor de deseo corporal (*Tzadik* #234).

Purificar el cuerpo es "trabajar la piel", la "piel" es la imaginación, que es la fuente de todos nuestros deseos materiales. Aquellos que purifican por completo su imaginación alcanzan la conciencia expandida en su totalidad y llegan a la fe perfecta, ¡felices de ellos! En cuanto a la gente común que no llega a purificar totalmente su cuerpo, e incluso los grandes Tzadikim no siempre lo logran, el remedio es unirse a los Verdaderos Tzadikim, quienes mediante su propia pureza han alcanzado la santidad de la conciencia expandida y del espíritu profético. Estos Tzadikim tienen el poder de purificar la imaginación del resto del mundo al punto en que todos pueden llegar a la fe perfecta.

Sin embargo, no es suficiente unirse al Tzadik y

esperar que algo suceda. Uno debe tomar la iniciativa y trabajar sobre sí mismo, esto es conocido como el "despertar desde abajo", porque sin esto es imposible ser elevado en contra de su voluntad. El trabajo principal es abandonar totalmente nuestras propias ideas y creencias y escuchar con mucho cuidado lo que el Tzadik está diciendo. El Rebe dijo que mientras la persona se aferre a sus propias ideas, no estará unida en absoluto al Tzadik.

Moisés llamó a los judíos "un pueblo tonto que no es sabio" (Deuteronomio 32:6). El Targúm arameo traduce esto como: "El pueblo que recibió la Torá y no era inteligente". Ellos "no eran inteligentes" en el sentido de que arrojaron por completo sus propias ideas, ¡y así fue como pudieron recibir la Torá! Si se hubieran apoyado en sus propias teorías no habrían sido capaces de recibir la Torá, en absoluto. La mayor parte de la gente no tiene un real nivel de inteligencia en el verdadero sentido de la palabra *sejel*. Esto se aplica incluso a personas que son puras y piadosas hasta cierto grado pero que aún no han logrado quebrar por completo sus deseos materiales: ¡el cuero aún tiene el olor! Todas sus ideas provienen de la imaginación, y mientras no hayan purificado totalmente sus cuerpos, su imaginación se mantiene animal y material. Es por esto que uno debe poner su fe en los sabios. Así, el pueblo judío "creyó en Dios y en Moisés Su siervo" (Éxodo 14:31). Uno debe unirse a los Verdaderos Tzadikim con una fe completa, dejando de lado todas sus ideas, como si estuviera por completo vacío de inteligencia.

Éste es el significado de la ley de que los rollos de la Torá, los Tefilín y las Mezuzot pueden estar escritos sobre la piel de un animal que no ha sido sacrificado correctamente, mientras provenga de una de las especies puras. Esto es para mostrar que todos pueden ser elevados al punto de recibir la conciencia expandida asociada con los Tefilín, mientras estén en la categoría de la piel de un animal puro que ha sido trabajada con el expreso propósito de recibir la santidad del rollo de la Torá, de los Tefilín y de las Mezuzot. Esto significa que deben trabajar sobre sí mismos y liberarse de todas sus ideas y opiniones tortuosas. Deben prepararse, en cuerpo y alma, para recibir la santidad de los Tefilín, la conciencia expandida canalizada por los Tzadikim. Deberán aceptar lo que ellos enseñan tal cual es, sin inclinarse ni a derecha ni a izquierda.

De esta manera incluso alguien que ha hecho mucho daño durante su vida puede aún recibir la luz de los Tefilín. Puede que se encuentre en la categoría de la piel de una carroña, como opuesto a la de un animal que ha sido sacrificado ritualmente. Sin embargo, aún puede recibir la luz, mientras no provenga de una especie impura. Esto quiere decir que uno no debe ir al Tzadik con intenciones tortuosas, tratando de ponerlo a prueba y demás. Uno no debe albergar pensamientos impuros en su corazón. Este es el concepto de la especie impura, porque la raíz de la impureza es la especulación atea, y las ideas ateas están simbolizadas por los animales de presa salvajes.

Las *Batim*

[36] "Por cuanto temieron las parteras a Dios, Él les hizo casas (*batim*)" (Éxodo 1:21). Estas son las *batim*, las cápsulas de los Tefilín. Los Tefilín están relacionados con el nacimiento de la conciencia expandida. Las parteras son las que hacen descender la luz, ayudando al "nacimiento".

Se nos dice que las parteras *temieron* a Dios, porque los Tefilín están asociados con el temor al Cielo. Es así que está escrito que "todos los pueblos de la tierra verán que el nombre de Dios es llamado sobre ustedes y ellos les *temerán* (Deuteronomio 28:10). Los sabios enseñaron que el nombre de Dios que las naciones ven en ustedes son los Tefilín de la Cabeza (*Menajot* 35b).

Las parteras eran Iojeved, la madre de Moisés y de Aarón, y Miriam, su hermana. Moisés y Aarón personifican los conceptos esenciales de los Tefilín. Aarón el Sumo Sacerdote personifica las ocho Perfecciones de la Barba, correspondiente a los ocho ancianos en el Cuento del Mendigo Ciego y a las ocho *parashiot* de los Tefilín de la cabeza y del brazo. Moisés es el Anciano Supremo que se enorgullecía de ser muy viejo y aun así ser un niño de pecho, y para quien el mundo entero no llegaba a ser un parpadeo.

Así está escrito de Moisés, "Y he aquí un niño estaba llorando" (Éxodo 2:6). Incluso cuando Moisés alcanzó la perfección de la ancianidad santa aún era joven, un niño de pecho: "Fui joven y ahora viejo soy" (Salmos 37:25). Cuando llegó el momento en que Moisés debía fallecer, "su vista no fue ofuscada ni había disminuido su fuerza" (Deuteronomio 34:7). Nunca estuvo senil de manera alguna, ni siquiera en el momento de su muerte a la edad de ciento veinte años. Moisés alcanzó lo máximo en ancianidad, y siguió siendo completamente joven, como si no hubiera comenzado a vivir en absoluto. Así dijo al final de sus días, "Tú has *comenzado* a mostrarle a Tu siervo Tu grandeza" (Deuteronomio 3:24), como si hasta el momento no hubiera visto nada y Dios recién ahora estuviera comenzando a mostrarle Su grandeza. Moisés empezaba constantemente de nuevo.

Moisés es el concepto del Maná, del cual está escrito, "Porque ellos no sabían qué (*MaH*) era" (Éxodo 16:15). Es imposible saber "qué era", qué significa realmente para un mortal alcanzar lo que alcanzó Moisés. Las letras del nombre *MoSheH* son *Shin MaH*. La *Shin* (numéricamente 300) alude a los tres Patriarcas, que son la suma de la conciencia expandida encarnada en los Tefilín. Sin embargo todo proviene del nivel de *MaH*, "ellos no sabían *qué* era", porque ésta es la esencia de Moisés, este anciano que era un completo infante. Él es la raíz de todo y está sobre todo, como está escrito, "Y el hombre Moisés era muy humilde" (Números 12:3), "...como un niño destetado en el seno de su madre, como un niño destetado está mi alma" (Salmos 131:2). El *Zohar* nos dice de Moisés que con los ancianos era anciano y con los jóvenes era joven, él era anciano y joven al mismo tiempo.

Al final de su vida Moisés dijo: "Soy de edad de ciento veinte años, no puedo ya salir ni entrar más" (Deuteronomio 31:2). Comentaron los sabios: "Es como si estuviera diciendo, 'Hoy mis días y mis años están completos, no puedo seguir', enseñándonos que ese día las puertas de la sabiduría estaban cerradas para él" (*Sotá* 13b). La única manera en que Moisés podía vivir era una vida de constante avance. En el momento en que no pudiera avanzar más debía abandonar el mundo (cf. *Sabiduría y Enseñanzas del Rabí Najmán de Breslov* #179). Es por esto que "ningún hombre conoce el lugar de su entierro" (Deuteronomio 34:6), "porque ellos no sabían *qué* era".

Moisés, entonces, es el Anciano Supremo quien es la raíz de los Tefilín, que son los rayos de luz de la piel del rostro de Moisés (Éxodo 34:35, ver *Likutey Moharán* I, 38). Su hermano Aarón es la personificación de las ocho

Perfecciones de la Barba, de las ocho *parashiot* de los Tefilín, que provienen de Moisés. Las parteras Iojeved y Miriam, eran la madre y la hermana de Aarón y de Moisés.

Ahora podemos comprender el significado del versículo, "Él les hizo casas (*batim*)" (Éxodo 1:21). El Midrash dice que éstas eran "las casas del sacerdocio y de la realeza" (*Shmot Rabah* 1), pues Aarón fue el Sumo Sacerdote y el rey David era descendiente de Miriam. Las casas del sacerdocio y de la realeza eran las *batim* de los Tefilín. Hemos visto más arriba que los Tefilín están unidos al sacerdocio y al reinado, *Maljut*, que es el concepto de la *Emuná*, de la fe.

Los Tefilín encarnan las percepciones de Divinidad que los Verdaderos Tzadikim, representando a Moisés, hacen descender hacia nosotros a través de contracciones y condensaciones de la luz. Estos Tzadikim alcanzan un nivel tan exaltado que llegan a tener el poder de condensar sus percepciones e investirlas en muchas vestimentas hasta permitirnos tener alguna comprensión de ellas. Esta es la idea subyacente a las *batim* de los Tefilín. La única manera en que podemos aprehender la exaltada luz de las *parashiot* es a través de las *batim* y de las *retzuot*. Estos son los recipientes del *Olam HaTikún*, del Mundo de la Reparación, que nos permiten recibir la luz Divina de una manera ordenada y equilibrada. Los grandes Tzadikim tienen el poder de penetrar en el Espacio Vacío y revelar la Divinidad incluso allí. Mediante esto son capaces de construir recipientes sagrados. Estos recipientes se forman esencialmente a través de la reparación del Espacio Vacío.

El Espacio Vacío fue formado por la primera contracción de la luz: esta contracción es la fuente de todos los límites y recipientes de todo el sistema de la Creación.

Todos fueron formados a través del "espesamiento" y de la condensación de la luz a medida que ésta se alejaba del *Emanador*. Sin el Espacio Vacío no hubiera habido "espesamiento" ni "distanciamiento" de la luz. De modo que la formación de los recipientes surge esencialmente del Espacio Vacío.

Sin embargo, como resultado del pecado de Adán, el mal del Espacio Vacío, el ateísmo, se aferró a los recipientes. Es la "piel", lo "externo" de los recipientes, lo que les da la apariencia de ser una pluralidad, independientes los unos de los otros. Esta "piel" es la "piel de la serpiente", de donde toman su fuerza todas las cáscaras, y donde el mal se aferra con más vigor. Este es el motivo por el cual la principal rectificación se produce a través del trabajo de la piel para propósitos santos, purificando la imaginación. Esta es la rectificación del Espacio Vacío, lograda por los grandes Tzadikim que forman recipientes santos en los cuales se puede captar la luz de una manera mesurada y equilibrada.

Los rollos de la Torá y los Tefilín están por lo tanto escritos sobre la piel de un animal puro, tal cual vimos más arriba. Y las *batim* de los Tefilín están hechas de cuero, porque la luz sólo puede ser recibida por medio de numerosas contracciones y recipientes formados a través de la reparación del Espacio Vacío, de la purificación de la imaginación, que es la "piel". Encontramos entonces que luego del pecado de Adán, "El Señor Dios les hizo a Adán y a su mujer vestimentas de piel y los vistió" (Génesis 3:21), porque la reparación más importante se produce en la piel. Las "vestimentas de piel" son el Talet y los Tefilín: los Tefilín están hechos de cuero, mientras que la lana del Talet crece en la piel del animal.

"Pero las parteras *temieron* a Dios". Es mediante el

temor santo que se logra la rectificación de la contracción que produjo el Espacio Vacío. Esta contracción es la fuente de todos los juicios severos. La contracción se endulza en su fuente a través del temor santo, del juicio santo. "Por cuanto temieron las parteras a Dios, Él les hizo casas": mediante el temor se forman las *batim*, es decir los recipientes a través de los cuales se recibe la luz de los Tefilín de manera medida y equilibrada.

Cosiendo las *batim* con tendón animal

[37] Las *batim* de los Tefilín deben ser cosidas con hilos hechos con tendón (*Oraj Jaim* 32:49).

Esto se debe a que aunque las *parashiot* están en las *batim*, sólo nos es posible recibir la luz cuando las *batim* están cocidas y cerradas. El propósito de esto es ocultar y opacar la luz para que no brille de manera excesiva, impidiéndonos recibirla.

El motivo para coser con tendones de animales es porque los tendones del cuerpo, o las venas, implican la idea de limitación. Las trescientas sesenta y cinco venas del cuerpo son los canales a través de los cuales fluye la sangre, la base para la vida en el hombre y en todas las otras criaturas. La vitalidad desciende constantemente desde Dios, la Vida de la vida, pero sólo podemos recibirla de una manera mesurada, a través de canales estrechos. Es a través de la Torá, que es el nombre del Santo, bendito sea, que la vitalidad desciende de manera medida hacia los recipientes. De modo que los trescientos sesenta y cinco tendones en el cuerpo humano corresponden a las trescientas sesenta y cinco prohibiciones de la Torá, todas las cuales son limitaciones que derivan del lado de la restricción, el lado del Juicio.

Está escrito sobre el nombre de Dios, "Este es Mi nombre por siempre y ésta es Mi memoria para todas las generaciones" (Éxodo 3:15). La forma hebrea para decir "Mi nombre" es *ShMI*. El valor numérico de las letras de *ShMI* junto con *IH*, las dos primeras letras del Tetragrámaton, es trescientos sesenta y cinco. Ahora bien, el nombre de una cosa es la fuente de su vitalidad, pues "el alma de un ser vivo, ese es su nombre" (Génesis 2:19), el alma de una cosa, la fuente de su vitalidad, se identifica con su nombre. Tal como el nombre de la persona contiene toda su vitalidad, de la misma manera la Torá, el nombre del Santo, bendito sea, contiene Su vitalidad. Así, cuando recitamos las palabras de la Torá, estamos llamando a Dios por Su nombre y trayendo Su vitalidad hacia los recipientes, es decir, hacia las letras de la Torá, que son el nombre de Dios (ver *Likutey Moharán* I, 56).

Esto explica porqué el valor numérico de las letras de *ShMI*, "Mi nombre", junto con *IH* del Tetragrámaton, es trescientos sesenta y cinco. El concepto del nombre como un canal limitado a través del cual fluye la vitalidad desde la Vida de la vida es el mismo que el de las trescientas sesenta y cinco prohibiciones de la Torá, que son restricciones y limitaciones por medio de las cuales la luz puede ser recibida de una forma mesurada. Los trescientos sesenta y cinco días del año implican el mismo concepto: la vitalidad de todos los días del año es hecha descender a través de los trescientos sesenta y cinco canales limitados tratados más arriba. Por este medio la fuerza de vida es hecha descender de una manera medida.

Como hemos visto, los Tefilín están conectados con

el concepto de la vida. La vida es hecha descender desde el nombre de Dios, y los Tefilín mismos son llamados "el nombre de Dios". La Torá nos dice así que "Todos los pueblos de la tierra verán que el nombre de Dios es sobre ustedes" (Deuteronomio 28:10) y, como hemos visto, los sabios comprendieron esto como una referencia a los Tefilín. Los Tefilín deben por lo tanto ser cosidos con tendones para constreñir la luz, el flujo de vida, de modo que pueda ser recibida de manera gradual.

En el versículo citado más arriba, "Este es Mi nombre por siempre y ésta es Mi memoria para todas las generaciones" (Éxodo 3:15), la palabra hebrea para "Mi memoria" es *ZiJRI*. El valor numérico de *ZiJRI*, junto con *VH*, las dos últimas letras del Tetragrámaton, es 248. Este es el número de mandamientos positivos de la Torá, correspondientes a los 248 huesos en el cuerpo humano masculino. Ahora bien, los doscientos cuarenta y cinco mandamientos positivos derivan del "lado derecho", el lado de la Bondad, mientras que las trescientas sesenta y cinco prohibiciones derivan del "lado izquierdo", el lado del Juicio Estricto y de la restricción. ¿Por qué las trescientas sesenta y cinco prohibiciones están aludidas en las dos primeras letras del Tetragrámaton, que son mucho más exaltadas que las últimas dos?

Esto se debe a que para fijar los recipientes, los canales restrictivos, se requiere de una luz más elevada. Sólo de esta manera es posible hacerles conocer a todos en el mundo la grandeza de Dios y magnificar Su nombre en boca de todos para hablar de Su nombre en toda la tierra (cf. Éxodo 9:16). Esta reparación se logra a través de los Tefilín, que están unidos a un nivel de conciencia muy exaltado hecho descender a través de muchas constricciones, para que nosotros e incluso todos los demás habitantes del mundo sepan sobre el nombre y el poder de Dios, "Todos los pueblos de la tierra verán que el nombre de Dios es sobre ustedes y les temerán" (Deuteronomio 28:10).

VII

La Fe Más Grande

[38] "Y la vida de Sara fue cien años y veinte años y siete años, los años de la vida de Sara" (Génesis 23:1). Las cuatro repeticiones de la palabra "años" en este versículo corresponden a las cuatro *parashiot* de los Tefilín, que son la fuente más importante de nuestra vitalidad durante todos los años de nuestras vidas. Los sabios dijeron de Sara que "cuando ella tenía cien años era como una mujer de veinte, y cuando tenía veinte era como una niña de siete" (*Bereshit Rabah* 58). De modo que Sara tenía la actitud perfecta en la vida, el enfoque que hemos estado tratando más arriba, donde uno constantemente comienza de nuevo e incluso, avanzado en años, aún se considera muy joven, un niño de pecho, como si no hubiera ni siquiera comenzado a vivir y a servir a Dios. Uno constantemente comienza de nuevo. "Todos los años de la vida de Sara fueron igualmente buenos" (*Ibid.*). Todos los años de Sara fueron buenos porque ella alcanzó la *real* larga vida, la vida de los Tefilín.

Sara es la personificación de *Maljut*, del reinado, que se identifica con *Emuná*, la fe (nosotros creemos en Dios como el Rey). La asociación de Sara con *Maljut* está implícita en el nombre de Sara, que denota gobierno. Así dijeron los sabios que "Ella gobernó (hebreo = *sara*) sobre el mundo entero" (*Berajot* 13a), como está escrito: "Y Dios será Rey sobre toda la tierra" (Zacarías 14:9).

Hemos visto más arriba (#25) que al hacer descender la conciencia expandida asociada con los Tefilín, comenzamos con el residuo de la *Emuná* que queda en el corazón. Luego, cuando la conciencia expandida ha descendido, la *Emuná* irradia con una luz y una perfección mucho mayor. Porque la conciencia expandida y la *Emuná* dependen una de la otra. A través de la *Emuná* llegamos a la conciencia expandida, y la conciencia expandida a su vez nos ayuda a desarrollar y a fortalecer nuestra *Emuná*, y de este modo continúa el ciclo.

Al ascender de nivel en nivel, es posible alcanzar un grado de *Emuná* tan perfecta que es posible llegar a la *Emuná* más elevada de todas, que es llamada *Rosh Emuná*, "la Cabeza de la *Emuná*" (Cantar de los Cantares 4:8). Este nivel está más allá de todo lo que podemos comprender con nuestra mente consciente, y está simbolizado por los Tefilín de la Cabeza. Los Tefilín del Brazo corresponden a "sus manos eran *Emuná*" (Éxodo 17:12), mientras que los Tefilín de la Cabeza son "la Cabeza de la *Emuná*". El nivel de la Cabeza de la *Emuná* está más allá de la conciencia expandida que hemos estado tratando hasta ahora y que implica la percepción del flujo de la luz Divina a través de las sefirot reveladas. La Cabeza de la *Emuná* alcanza la Fuente oculta, y sólo puede ser lograda luego que uno ha alcanzado la total conciencia expandida y obtenido una completa percepción de las sefirot reveladas.

Cada Mundo incluye la estructura completa de las Diez Sefirot desde *Atik*, la más elevada, (también llamada *Keter*, la Corona), hasta *Maljut*, la más baja. Ahora bien, *Maljut* de un Mundo superior se encuentra por sobre *Atik* del Mundo que está debajo, y es en verdad su raíz. Y así sucede de Mundo en Mundo. *Maljut* corresponde a *Emuná*, mientras que *Atik*, que es la raíz y fuente de todas las sefirot en cada Mundo, implica el concepto de voluntad, la voluntad y el deseo más profundos de unirse poderosamente con Dios. (*Atik*, siendo en sí mismo el nivel más elevado, busca más arriba todavía, y es así el concepto del anhelo y del deseo).

Vemos expresiones de este deseo en los Salmos: "Mi alma tiene sed de Ti, mi carne anhela por Ti" (Salmos 63:2). "Mi carne y mi corazón desfallecen; pero Dios es la fortaleza de mi corazón y mi porción para siempre" (*Ibid.*73:26). "Mi alma anhela y aun desfallece por los atrios del Señor; mi corazón y mi carne cantan al Dios vivo" (*Ibid.*84:3). Toda su vida el rey David oró por esta unión: "Una sola cosa pido al Señor: contemplar la gloria del Señor y visitar Su templo" (Salmos 27:4). Esta es la unión que alcanzamos a través de los Tefilín, de los cuales está escrito: "Pero ustedes que están *unidos* al Señor vuestro Dios, están todos vivos hoy" (Deuteronomio 4:4). Pues está escrito respecto de los Tefilín: "Ponme como sello sobre el corazón, como sello sobre tu brazo, porque fuerte como la muerte es el amor, duro como el sepulcro es el celo: sus brasas son de fuego, muchas aguas no pueden apagar el amor ni los ríos lo pueden anegar..." (Cantar de los Cantares 8:6-7).

Sin embargo hay un nivel de unión que se encuentra más abajo del grado de la *Emuná* del nivel superior. Pues vemos que *Atik* del Mundo de la Acción (*Asiá*, el Mundo más bajo) está debajo de *Maljut-Emuná* del Mundo que se encuentra por encima, el Mundo de la Formación (*Ietzirá*) y *Atik* de *Ietzirá* está obviamente más abajo que *Maljut* de los Mundos que están más arriba todavía. Y así sucede de Mundo en Mundo. Es por esto que el punto esencial para comenzar es siempre *Emuná*, y también el final, el objetivo es siempre *Emuná* y unión. Porque en verdad todo es uno. El deseo y el anhelo de cada Mundo y de cada nivel por elevarse, el *Atik*, el deseo más interno de ese Mundo o nivel, es en sí mismo una iluminación de la *Emuná* que es el nivel más bajo del Mundo que está por encima. Porque el *Maljut-Emuná* del Mundo superior es la fuente y el objetivo de la vitalidad del *Atik*-deseo del Mundo y nivel de abajo, y así en más

Trata de entender bien esto, porque a la luz de esta discusión serás capaz de comenzar a tener una comprensión inicial de las enseñanzas del Santo *Zohar* y del Ari z"l, y con la ayuda de las enseñanzas del Rebe Najmán podrás derivar una enseñanza práctica de ello. Cada una de las lecciones del Rebe y cada uno de sus cuentos es una introducción que abre muchos portales hacia la comprensión de la Divinidad. Si persistes con sus enseñanzas, las estudias y las sigues día tras día, finalmente serás capaz de comprender todos los senderos de la Kabalá.

Así, en esencia, la conciencia expandida y la vitalidad asociadas con los Tefilín son una radiación de la *Emuná* desarrollada a la perfección etapa tras etapa, tal como se explicó arriba. Es por esto que los Tefilín son la "vida de Sara", la vida de *Maljut*, *Emuná*, que es Sara, "porque ella gobernaba sobre el mundo entero", el concepto de la revelación de Su fe y de Su reinado sobre todos los habitantes de la tierra, "Y Dios será Rey sobre toda la tierra" (Zacarías 14:9).

La Cueva de Majpelá

[39] La Cueva de *MaJPeLá* toma su nombre de las parejas (en hebreo la palabra *CaPhuL* significa doble) que están enterradas allí: Adán y Eva, Abraham y Sara, Itzjak y Rebeca, Iaacov y Lea (ver *Eruvin* 53). La ciudad donde se encuentra la Cueva es llamada *Kiriat Arba*, la Ciudad de

Cuatro, debido a estos cuatro pares. Los cuatro pares corresponden a los Tefilín de la Cabeza y a los Tefilín del Brazo: cada una de las cuatro *parashiot* en uno está apareada con su contraparte en el otro. Como mencionamos anteriormente, las cuatro *parashiot* de los Tefilín de la Cabeza están asociadas con el aspecto masculino de la conciencia espiritual, mientras que las cuatro *parashiot* de los Tefilín del Brazo están asociadas con el aspecto femenino (*Pri Etz Jaim, Shaar HaTefilín*, C.5).

Majpelá también contiene una alusión a la larga vida de los Tzadikim: su santidad y su vitalidad están constantemente siendo duplicadas, porque ellos continúan agregando y agregando más y más a su santidad y devoción. "Porque de doble valor es la sabiduría" (Job 11:6), "porque toda su casa está vestida de escarlata (hebreo = *ShoNiM*)" (Proverbios 31:21): *ShoNiM* es lo mismo que *ShNaiM*, que significa dos, doble. Así, al enseñarnos sobre la caridad, la esencia de la santidad, la Torá repetidamente utiliza expresiones dobles: "Con seguridad abrirás (*PoTuaJ TiFTaJ*)" (Deuteronomio 15:8), "Con seguridad darás (*naToN tiTeN*)" (*Ibid.* v.10), y "Con seguridad otorgarás (*haANeK taANiK*)" (*Ibid.* v.14; ver *Ialkut Shimoni Mishlei* 31). Este es el concepto de *Mishne Torá*, la repetición de la Torá (Deuteronomio 17:18). Y "por lo tanto en su tierra ellos poseerán el doble" (Isaías 61:7), éste es el concepto de la vida eterna que obtienen los Tzadikim a través de agregar y de duplicar constantemente su santidad, en todo momento.

[40] Abraham le compró a Efron la Cueva de Majpelá. *EFRon* es el concepto de la tierra y del polvo (hebreo = *AFaR*), es decir del mal, porque el mal está enraizado en la

tierra, el más bajo y material de los cuatro elementos de la Creación. El mal es la serpiente, y "En cuanto a la serpiente, el polvo será su alimento" (Isaías 65:25). Nuestra experiencia de la "mordida de la serpiente" nos llega en la forma de depresión, dejadez y pereza (ver *Likutey Moharán* I, 189). La manera de conquistarlas es a través del aspecto santo del elemento tierra, es decir la *Emuná*, la fe. La *Emuná* es llamada tierra: "Habita en la tierra y pastorea la *Emuná*" (Salmos 37:3). Los elementos superiores sólo son revelados a través del elemento tierra, éste es el significado del dicho de que "la tierra es el recipiente de todas las cosas" (*Tikuney Zohar* 70, 120b). De modo que es sólo a través de la *Emuná*, el aspecto santo del elemento tierra, que hacemos descender y recibimos la vitalidad y toda clase de santidad. La *Emuná* nos da el poder de crecer, de brotar y de florecer en nuestras devociones, y de superar todos los obstáculos y barreras. Pues *Emuná* es el poder del crecimiento y de la regeneración, la paciencia de la cual hemos estado hablando (ver *Likutey Moharán* I, 155).

Abraham le compró la Cueva de Majpelá nada menos que a Efron, porque la cáscara viene antes del fruto. La Cueva de Majpelá es el concepto de la larga vida, de la fe, del crecimiento y de la regeneración, el opuesto mismo de Efron, quien es la personificación de la muerte, de la depresión y de la pereza, de la serpiente, porque "Dios hizo uno (el lado de la impureza) opuesto al otro (el lado de la santidad)" (Eclesiastés 7:14). Inicialmente la Cueva de Majpelá estaba en el exilio en manos de Efron. Fue Abraham, el primero de los creyentes, quien logró sacar de sus manos ésta exaltada santidad. Abraham fue capaz de hacerlo porque alcanzó la ancianidad santa y la larga vida: "Y Abraham era anciano y avanzado en días" (Génesis 24:1). Porque

Abraham fue el primero en comprender la santidad de Eretz Israel, que es el concepto de la *Emuná*, a través de la cual alcanzamos todo. Allí es donde llegamos a la larga vida, la vida de los Tefilín, que alcanzamos a través de la *Emuná*, la esencia de la santidad de Eretz Israel.

VIII

Un Puente Angosto

[41] La *titura* de los Tefilín es el cuero que cierra la base de las *batim*, de las cápsulas, luego que las *parashiot* han sido puestas dentro. La palabra *titura* significa un puente. El *mabarta* (ver arriba #11) sale de la *titura*. La *titura* y el *mabarta* son las únicas partes de las *batim* que se encuentran en contacto directo con el cuerpo. Esto se debe a que estos dos conceptos son los aspectos de los Tefilín que más necesitamos en la vida. Nos hace falta un puente que nos ayude a cruzar en paz por este mundo, para superar todos los obstáculos y distracciones que enfrentamos y llegar verdaderamente cerca de Dios.

La *titura* de los Tefilín, el puente del cual sale el *mabarta*, está conectado con la idea de que Iaacov "pasó sobre el vado del Iabok... y cruzó todo lo que tenía" (Génesis 32:23-4). Rashi comenta (*ad loc.*) que Iaacov "se hizo como un puente" [es decir, se aferró a ambos lados del vado, permitiendo que los otros pasaran sobre él.]. El vado del Iabok (*mavar Iabok*) es el concepto del *mabarta*, tratado más arriba. "Y cruzó todo lo que tenía" – "se hizo como un puente": aquí tenemos el concepto de la *titura*, que es un puente.

Iaacov, es la verdad: "Dá verdad a Iaacov" (Mica 7:20). Y la verdad es el concepto subyacente a los Tefilín (ver *Likutey Moharán* I, 47). Pues los Tefilín están unidos con la *Emuná*, con la fe, y la fe y la verdad son conceptos asociados: nosotros creemos en la verdad (ver *Likutey Moharán* I, 7). La unión entre la fe y la verdad también puede verse en el comentario de los sabios sobre el versículo:

"él inclinó su cabeza hacia la tierra" (Éxodo 34:8) tal como tratamos más arriba (#6). "¿Qué es lo que vio?", preguntaron los sabios. "Un sabio dijo que él vio la paciencia, y otro sabio dijo que él vio la verdad". Comenta la Guemará: "Cada uno lo puso de acuerdo a su propia manera, pero no hay diferencia entre las dos enseñanzas" (*Sanedrín* 111). En otras palabras, la paciencia, que es la *Emuná*, y la verdad son consideradas una sola cosa.

"En este mundo la persona debe cruzar un puente muy angosto, lo más importante es no tener miedo" (*Likutey Moharán* II, 48). La forma de cruzar el puente angosto de este mundo es mediante el puente de los Tefilín, es decir mediante la verdad. Y es un dicho popular el que con la verdad uno puede superar al mundo entero. La verdad es lo más importante de todo, porque la verdad es el sello del Santo, bendito sea, y con ella fueron estampados los Cielos y la Tierra. La Torá empieza con las palabras: "En el comienzo creó Dios" (Génesis 1:1). Las últimas letras de las tres palabras en hebreo "*bereshiT barA ElokiM*", deletrean la palabra *EMeT*, verdad. Este es el fundamento del mundo entero y de toda su plenitud. No importa qué distracciones u obstáculos enfrente la persona en sus esfuerzos para servir a Dios, y los principales obstáculos se encuentran en la propia mente, el consejo más importante para superar todo es la verdad.

"Envíame Tu luz y Tu verdad, ellas me guiarán" (Salmos 43:3). "Yo andaré en Tu verdad" (*Ibid.* 86:11). Porque la verdad es el puente hacia la santidad, y es por esto que Iaacov, la verdad, "se hizo como un puente". Así lo hizo para salvar todo lo que tenía del "terror de la noche" (Salmos 91:5), es decir de Esaú, quien estaba en camino hacia él. Esaú representa todas las amenazas, problemas y dificultades que la gente sufre debido a sus diversos enemigos y oponentes, y los diferentes obstáculos creados por la Mala Inclinación. Iaacov les estaba dando una señal a sus hijos y a sus descendientes indicando que la única manera de superar todos estos terrores es mediante la verdad. Así es como podemos cruzar el angosto puente que debemos atravesar sin temor.

De manera similar, con la apertura del Mar Rojo, el mar se transformó en tierra seca hasta que "las profundidades se endurecieron en el corazón del mar" (Éxodo 15:8) y Dios proveyó milagrosamente de un puente con el cual cruzar el mar en paz. Esto se produjo debido a Iaacov, la verdad, por lo cual dice el Salmista, "¿Qué sucede contigo, mar, que huyes?... ante la presencia del Dios de *Iaacov*" (Salmos 114:5 y 7). Iaacov es la verdad, y la verdad es nuestro puente incluso en medio del mar. "Así dice Tu Creador: *Iaacov*, no temas, cuando pases por las aguas Yo estaré contigo" (Isaías 43:1-2). Mediante Iaacov, la verdad, no debes temer al cruzar las aguas. Con la verdad puedes superar todo y llegar a salvo y en paz.

Al tercer día de la Creación, "Dios dijo, 'Que las aguas bajo los cielos se junten en un lugar, y que aparezca la tierra seca'" (Génesis 1:9). Porque el tercer día es el concepto de Iaacov, el tercer Patriarca, la verdad, el puente que nos permite pasar a salvo por sobre las tumultuosas aguas. Este es el concepto de la tierra seca que se formó en medio de las aguas en el momento de la creación, éste es el puente que atraviesa el mundo en su totalidad. Fue hecho el tercer día, correspondiente a Iaacov, que es el concepto de la verdad. Porque la verdad es el puente con el cual se puede cruzar el mundo entero, y éste es el significado de la *titura*, del puente, de los Tefilín.

[42] Luego que los Tefilín del Brazo y de la Cabeza están en su lugar, la etapa final es enrollar tres veces la *retzua* de los Tefilín del Brazo sobre el dedo medio de la mano izquierda. El dedo medio simboliza a Iaacov, quien es "la barra del medio de las planchas, que pasará de un extremo al otro" (Éxodo 26:28. Ver *Zohar* III:227a; 228a-b). La *retzua* se ata en el *tercer* dedo, porque éste es el concepto de Iaacov, de la verdad.

Ahora que los Tefilín están en su lugar, la *Emuná* está completa. Al enrollar tres veces la *retzua* sobre el dedo medio, recitamos los versículos de Hosea que contienen las tres expresiones de compromiso matrimonial: "Te desposaré conmigo para siempre. Te desposaré conmigo en justicia, en derecho, en misericordia y en compasión. Te desposaré conmigo en *fidelidad* y tú *conocerás* a Dios" (Hosea 2:21-22). La *Emuná*, la fe, y *Daat*, el conocimiento de Dios, son interdependientes. La *Emuná* se menciona primero porque es la base de todo. La *retzua* está unida al *tercer* dedo correspondiente a Iaacov, la verdad, y *Emuná* depende de la verdad, como se mencionó arriba.

"Te desposaré conmigo *para siempre*", éste es el concepto de la larga vida, de la vida eterna. "Te desposaré conmigo en justicia, en derecho, en misericordia y en compasión". Estos cuatro conceptos son la gloria que corona a los Tefilín, correspondiente a las cuatro *parashiot* y a las cuatro *batim* de los Tefilín de la Cabeza. Así comenta Rashi sobre este versículo en Hosea: "el Santo, bendito sea, hace una corona con ellos cuatro sobre la cabeza de Israel", es decir, los Tefilín, que son la corona del pueblo judío. "Te desposaré conmigo en *fidelidad*", porque la *Emuná* es el fundamento y el objetivo de la perfección espiritual.

Luchando con Dios

[43] El nudo en la *retzua* cerca de la *bait* de los Tefilín del Brazo tiene la forma de la letra *Iud*. Los Tefilín del Brazo son simbólicos del soporte y del aliento necesario en aquéllos que han caído espiritualmente, para que no desciendan por completo. El nudo en la forma de la *Iud* al lado de los Tefilín del Brazo representa la iluminación proveniente del Tzadik, "el cimiento del mundo" (Proverbios 10:25), sobre la Asamblea de Israel, el pueblo judío. Es importante asegurarse que este nudo esté siempre ubicado ajustadamente contra la *bait* de los Tefilín del Brazo (*Oraj Jaim* 27:2). Esto se debe a que el judío común depende del Tzadik para sus percepciones espirituales e inspiración. La vitalidad de la *Shejiná* necesaria para elevar a la gente de su caída espiritual es canalizada por el Tzadik, cuya percepción es tan exaltada que tiene el poder de sustentar a aquellos que han caído, tal como hemos visto más arriba.

La iluminación más importante de los Tefilín se produce en el momento de la plegaria. Aquí es cuando alcanzamos en su plenitud la conciencia expandida (ver *Pri Etz Jaim, Shaar HaTefilín*, C.7). Esto se debe a que los Tefilín son la expresión de nuestra unión con Dios, y la principal unión a Dios es a través de la plegaria (*Likutey Moharán* I, 84), tanto las plegarias diarias de los servicios fijos como las propias plegarias privadas y conversaciones con Dios (*Hitbodedut*). La palabra misma *Tefilín* significa plegaria, que en hebreo es *TeFiLá*.

¿Qué clase de plegaria? Está escrito: "Luchar (*NaFTuLei*) con Dios, he luchado con mi hermana, y he prevalecido" (Génesis 30:8). La palabra hebrea para "luchas", *NaFTuLei*, se compone de las mismas letras que

TeFiLiN, y Rashi (*ad loc.*) explica la palabra significando tanto unión como determinación obstinada: Raquel estaba diciendo que ella presionó obstinadamente a Dios con muchas plegarias y pedidos para poder ser igual a su hermana Lea. "Y he prevalecido": "¡Él estuvo de acuerdo conmigo!" (Rashi *ad loc.*).

Éste es el espíritu que necesitamos en nuestras plegarias, todos los días. ¡Debemos persistir! Es necesaria una gran obstinación y determinación. Aunque parezca que tus palabras y tus plegarias no están ayudando en absoluto, que luego de días y años de tratar aún te sientes muy lejos de lo que estás pidiendo, aun así debes continuar con obstinación. La gente obstinada hace lo que debe hacer sin ninguna razón aparente. Así debemos ser en nuestro servicio a Dios.

El Rebe Najmán enfatiza la obstinación que necesitamos en cada intento espiritual (*Likutey Moharán* II, 51). En ningún otro lugar es esto más necesario que en la plegaria, especialmente en las plegarias privadas con nuestras propias palabras. Debemos ser exactamente como Raquel, presionando con obstinación, avanzando una y otra vez, demandando ser escuchados. ¡Comprende bien esto si quieres alcanzar la vida eterna! Es imposible explicar todo por escrito. Pero piensa en aquellas cosas de tu propia experiencia en donde eres obstinado y decidido. Así es como debes persistir en tus conversaciones privadas con Dios, aunque pienses que estás empujando por mera obstinación sin sentir ningún gusto ni ver motivo alguno en lo que estás haciendo.

Dios "no desprecia ni rechaza la bajeza del afligido" (Salmos 22:25), ¡ni siquiera cuando ellos son realmente despreciables y aborrecibles! Dios está pleno de misericordia, en todo momento. Hay tres clases de plegarias: "La Plegaria de Moisés" (Salmos 90:1), "La Plegaria de David" (*Ibid*.17:1) y "La Plegaria del Afligido" (*Ibid*. 103:1; ver *Zohar* III:195a). Estas tres clases de plegarias corresponden a los tres aspectos principales de los Tefilín. Moisés es la personificación de *Daat*, el conocimiento, y "La Plegaria de Moisés" corresponde a los Tefilín de la Cabeza, colocados sobre el cerebro, en el lugar de *Daat*, de la percepción espiritual y de la conciencia expandida. "La Plegaria de David" corresponde al nudo de la *retzua* de los Tefilín de la Cabeza. Este nudo tiene la forma de la letra *Dalet*, primera y última letra del nombre de David, y está unida con el concepto de *Maljut-Mashíaj* (ver #18 arriba), "La Plegaria de David".

Y finalmente tenemos "La Plegaria del Afligido" correspondiente a los Tefilín del Brazo, simbolizando a *Maljut*, la Asamblea de Israel, que es llamada "afligido" (Isaías 54:11). Los Tefilín del Brazo expresan el conocimiento espiritual que irradia hacia el pueblo judío como un todo, y especialmente importante es la inspiración que necesitamos para evitar caer por completo. "La Plegaria del Afligido" es la plegaria del judío que lucha para mantenerse y acercarse a Dios. Esta es más valiosa que todas las otras plegarias.

El Santo *Zohar* describe cómo el pobre contiende constantemente con el Santo, bendito sea, y Dios escucha y atiende sus palabras. Cuando él murmura su oración, todas las ventanas del Cielo se abren y todas las otras plegarias que están ascendiendo son hechas a un lado por este individuo pobre y quebrado de corazón. El Salmo habla de "Una plegaria del afligido cuando desfallece (hebreo = *IAToF*, literalmente, "cubre", Salmos 102:1). El Santo, bendito sea, dice, "Que todas las plegarias del resto del mundo sean cubiertas (*ItATFun*) y que esta plegaria venga delante Mío. No necesitamos un *Beit Din* aquí para juzgar entre nosotros. Que su queja llegue directamente ante Mí: ¡Yo y él estamos juntos!".

El Santo, bendito sea, se encuentra presente directamente en el momento en que el pobre truena con sus plegarias. "Y delante de Dios vierte su plegaria" (*Ibid.*). ¡Delante de Dios Mismo! Las huestes del cielo se preguntan unas a las otras, "¿En qué está ocupado el Santo, bendito sea? ¿Qué está haciendo?". Ellas responden, "Él se está deleitando con sus criaturas". Ninguna de ellas sabe qué se está haciendo con la plegaria de este pobre y con todas sus quejas, pero cuando él derrama su corazón delante del Santo Rey, Dios no tiene deseos de nada más, y esta plegaria hace un recipiente que retiene a todas las plegarias del mundo (*Zohar, Ibid.*).

Todo esto es hablando de un pobre que ora por sus necesidades materiales debido a la presión de la pobreza física. Cuánto más aún cuando la persona comienza a apiadarse de sí misma y siente su pobreza espiritual y su falta de buenas acciones. Suplica y discute con Dios, quejándose y acosándolo por no llevarla más cerca, derramando sus palabras y su corazón hasta que comienza a llorar... Cuán querida es esta plegaria a los ojos de Dios: es más preciosa que todas las plegarias del mundo. Porque la verdadera pobreza es la pobreza espiritual, como enseñan los sabios: "El verdadero pobre es aquel que carece de *daat*" (*Nedarim* 41a). Aparte de esto todo es vanidad, pues nuestros días pasan, y no hay dolor como el dolor del alma, y no hay pobreza como la falta de Torá y de buenas acciones.

Cuánto más aún cuando uno es consciente de su

enorme deuda con Dios, luego de tantos pecados y de haber hecho tanto mal. No hay manera de pagar la deuda si no es a través de la plegaria y de la súplica. Cuando alguien así se despierta y comienza a sentir sus dificultades y su pobreza... cuando se pone de pie delante de Dios como un pobre mendigo parado ante la puerta, pidiendo desconsoladamente por su alma, rogando ser salvado de la destrucción, de la pérdida de ambos mundos... como dijo el rey David, "¿Qué beneficio hay en mi sangre, si bajo a la destrucción" (Salmos 30:10)... "Salva mi alma de la espada, sálvala del poder del perro" (*Ibid.* 22:21)... ¡Ciertamente esta plegaria es más preciosa a los ojos de Dios que todas las plegarias del mundo!

Examina cada palabra del pasaje del *Zohar* citado más arriba y comprenderás cuán valiosas son las palabras de la plegaria privada que derramamos delante de Dios, aunque parezca que hemos estado orando durante tanto tiempo sin lograr nada. Aun así, ni una palabra se pierde: todas son contadas y guardadas en los tesoros de Dios, aunque sea casi imposible que la persona sepa en esta vida si sus devociones han logrado algo. Aunque uno no haya logrado más que el ancho de un cabello durante toda su vida, esto solo es más precioso que toda la vida de este mundo. Hasta el mínimo gesto que uno hace para acercarse un poco a Dios, incluso menos que el ancho de un cabello, lo envía a cientos y miles de millas en los Mundos superiores (ver *Los Cuentos del Rabí Najmán* p.252).

Debes ser firme, obstinado y determinado en esto, constantemente. Si persistes, "Luchar (*NaFTuLei*) con Dios, he luchado", al final ciertamente triunfarás en lo que quieres y te acercarás a Dios al igual que tus hermanos, los puros, los Tzadikim. Como Raquel, que habiendo sido estéril al comienzo, concluyó: "¡He prevalecido!", "¡Él estuvo de acuerdo conmigo!". Fui tan obstinado y presioné tanto a Dios que aunque pensé que mis plegarias ya no tenían efecto alguno, Dios no lo permita, aun así continué obstinadamente. Y al final, "¡He prevalecido!", "¡Él estuvo de acuerdo conmigo!". Yo *puedo* ser igual que mis hermanos y acercarme a Dios en verdad. Amén. Amén.

*

UNA PLEGARIA

Señor del Universo:

Por favor dame el privilegio de ser capaz de cumplir con la mitzvá de los Tefilín, apropiadamente, en todos sus detalles y con todos los pensamientos e intenciones asociados con ellos. Y permíteme cumplir con las seiscientas trece mitzvot, todas las cuales están unidas con la mitzvá de los Tefilín.

Pueda cumplir esta santa mitzvá todos los días de mi vida, con Tefilín válidos hechos por un escriba verdaderamente recto y santo. Que mis Tefilín estén escritos con una gran santidad y preparados con total atención a cada detalle, así sea en la escritura de las *parashiot*, en la preparación de las *batim* y de las *retzuot*, el cosido de las *batim* con tendones, y todo lo demás. Que todo sea de la más alta calidad posible en completo acuerdo con todas las leyes de la Santa Torá. Que mis Tefilín sean siempre válidos en todo aspecto, que sean lo más hermosos posible y absolutamente santos.

Pueda yo usar los Tefilín de Rashi y de Rabeinu Tam cada día. Permíteme colocarme los Tefilín en su posición apropiada, sobre mi cabeza y sobre mi brazo. Pueda usarlos con alegría y deleite, y con intensa concentración. Hazme sentirme tan inspirado y feliz, al punto en que esta tremenda mitzvá me lleve a los niveles más elevados de santidad, una santidad que proviene directamente de la fuente superna de los Tefilín, que es Tu propia Suprema Santidad. Y mediante esto, quedar genuinamente unido a Ti de la manera más fuerte posible.

Al utilizar los Tefilín, que nunca pierda mi conciencia de ellos y nunca me distraiga. Que nunca diga una palabra vana cuando estoy coronado con los Tefilín, la corona del Rey Supremo. Pueda usarlos como una corona de esplendor y de gloria, con el más profundo temor y reverencia, con un buen corazón y la más grande alegría y felicidad. Pueda cumplir con esta tremenda y santa mitzvá de la manera apropiada, en todo aspecto, exactamente como Tú quieres, hasta que llegue a estar realmente unido a Ti, en todo momento.

(de *Likutey Tefilot* I:38, del Rabí Natán)

www.ingramcontent.com/pod-product-compliance
Lightning Source LLC
Chambersburg PA
CBHW061657040426
42446CB00010B/1784